Alexander Dill

Täuschwirtschaft

Alexander Dill

Täuschwirtschaft

Wie die Wirtschaft sich selbst und uns alle betrügt

FinanzBuch Verlag

Bibliografische Information der Deutschen Nationalbibliothek
Die Deutsche Nationalbibliothek verzeichnet diese Publikation in der Deutschen Nationalbibliografie; detaillierte bibliografische Daten sind im Internet über **http://d-nb.de** abrufbar.

Für Fragen und Anregungen:
dill@finanzbuchverlag.de

1. Auflage 2010

Nymphenburger Straße 86
D-80636 München
Tel.: 089 651285-0
Fax: 089 652096

Lektorat: Marion Reuter
Korrektorat: Nicole Luzar
Satz: HJR, Jürgen Echter, Landsberg am Lech
Druck: Konrad Triltsch, Ochsenfurt

ISBN 978-3-89879-572-2

Inhalt

Einleitung

Täuschwirtschaft? Manchmal braucht man ein neues Wort, um einen neuen Sachverhalt auszudrücken. In weiten Teilen unseres alltäglichen Lebens werden wir nämlich ganz ohne die angebliche Weltfinanzkrise oder Großbetrüger vom Schlage Bernard Madoffs übers Ohr gehauen. Täglich. Dabei ist es ein schwacher Trost, dass die Wirtschaft nicht nur uns – wir sind natürlich auch alle Teil der Wirtschaft –, sondern auch sich selbst ständig täuscht. Dabei wird sie von großen und kleinen Ratgebern, in der Regel gut ausgebildeten Profiökonomen, vor allem aber vom Staat unterstützt. Ohne die Unterstützung des Staates, also von Parlament, von Justiz, Gerichtsvollziehern und Polizei, ist es nicht möglich, hart arbeitenden Menschen mit einem Bruttolohn von 3500 Euro monatlich gleich 69 Prozent ihres Einkommens zu pfänden: 30 Prozent als Lohnsteuer, 20 Prozent als Sozialabgaben und weitere 19 Prozent für das verbliebene Netto als Umsatzsteuer. Zumindest sind diese Prozentsätze bekannt, auch wenn wir sie selten nachlesen können. Es klingt in einer Demokratie nicht gut, wenn man nur über 30 Prozent seines Einkommens selbst verfügen darf. Es widerspricht der angeblich existierenden Marktwirtschaft, wenn ein Großteil des Einkommens zwangsgepfändet wird, anstatt sich in angeblich konkurrierenden Märkten aussuchen zu dürfen, wohin es fließt.

Was uns hier als *Täuschwirtschaft* erklärt wird, sind systematische Täuschungen, die durch gezielte Fehlinformationen möglich werden. Dass 75 Prozent aller Lebensversicherungen vorzeitig gekündigt werden, könnten aufmerksame Verbraucher bereits erfahren haben. Aber wer wusste zum Beispiel, dass Mineralwasser an Tankstellen in Deutschland 425 Prozent teurer als in der Schweiz ist? Oder dass der deutsche Staat Stundenlöhne von 2000 Euro zulässt? Dass die Pharmawerbung ein von der Pharmaindustrie unerwünschter Kostenfaktor ist, der nur dann anfällt, wenn der einzige Hauptkunde nicht die Medizin aufkauft? Dass die Mobilfunkgebühren, die in der Werbung »ggf. abweichen« dürfen um 375 Prozent teurer sind als der Festnetzpreis? Dass mit Dispositionskrediten an Arbeitslose eine sagenhafte Rendite von 1600 Prozent gemacht wird? Dass Windelpackungsgrößen manipuliert werden, um den Windelpreis zu verschleiern? Dass die rot-grüne Bundesregierung das Gesetz über die Allgemeinen Geschäftsbedingungen einfach abschaffte, um Betrügereien zu erleichtern? Und dass die einschlägigen Paragrafen des Bürgerlichen und des Strafgesetzbuches auf systematischen Betrug nie angewendet werden? Dass sich in deutschen Autoleasingverträgen eine gigantische Kilometerblase gebildet hat, weil absurd niedrige Kilometerleistungen vereinbart werden, um die Rate künstlich niedrig zu halten?

Im ersten Teil dieses Buches erfahren wir anhand von 13 Beispielen, wie die *Täuschwirtschaft* im Alltag funktioniert.

Im zweiten Teil lernen wir dann ganz ungewohnte Seiten der internationalen Wirtschaft kennen. So kommen zum Beispiel die weltweiten Standards zur Bilanzierung von Unternehmen aus einem Briefkasten im US-Steuerparadies Delaware. Nach der angeblichen Weltfinanzkrise 2008 zwang der Vorsitzende einer dubiosen Organisation zusammen mit dem heutigen US-Zentralbankpräsidenten Ben Bernanke, der damaligen Oppositionsführerin Nancy Pelosi und dem damaligen Finanzminister Henry Paulson den US-Präsidenten George W. Bush, beim G20-Treffen darauf zu bestehen, dass keine neuen Bilanzierungsstandards mit staatlicher Überwachung eingeführt werden. Ich habe den Drohbrief, den der US-Anwalt Robert E. Dencham im Namen der gesamten Finanzelite an Bush schrieb, in voller Länge übersetzt. Er zeigt eindrucksvoll, wie unter US-Druck erfolgreich versucht wird, eine *Täuschwirtschaft* auf globaler Ebene aufrechtzuerhalten. Führende US-Ökonomen fälschen seit Jahrzehnten das US-Bruttosozialprodukt, um eine höhere Staatsverschuldung zu ermöglichen. Unter ihnen sind Wirtschaftsnobelpreisträger wie Paul Krugman. Einer von ihnen, Joseph Stiglitz, hat den Nobelpreis für seine Theorie der *asymmetrischen Information* erhalten. Leider wurde sie nie auf die Entwicklung von Finanzprodukten wie ABS und CDS angewandt, deren Käufer immer weniger über das Produkt wussten als deren Verkäufer. Das sogenannte *Grossman-Stiglitz-Paradox* besteht nämlich darin, dass doch eigentlich der

Preis auch den Informationsumfang eines Produktes oder einer Leistung ausdrücken sollte. Tatsächlich aber müssen gerade in der Finanzwirtschaft Millionen für Rating und Research aufgewandt werden, um den Wert eines bereits gepreisten Produktes abzuschätzen. Der Preis spricht also nicht selbst. Er ist eine täuschende Fata Morgana. Die Schwedische Reichsbank, die den Nobelpreis 2009 erstmals an die Politologin und Gemeingüterforscherin Elinor Ostrom vergab, mochte sich nicht mehr täuschen lassen: Am 19. November 2009 stellte sie den Handel mit US-Staatsanleihen ganz ein. Seitdem kauft die US-Fed ihre Staatsanleihen überwiegend selbst.

Die von mir stets mit dem Attribut *angeblich* versehene Weltfinanzkrise, über deren Auswirkungen in Deutschland ich 2009 mein Buch *Der große Raubzug* schrieb, ist wohl nur eine *Bärenfalle* gewesen, die es der Finanzwirtschaft ermöglichen sollte, weltweit billig *echte* Werte, nämlich die Aktien von Unternehmen der Realwirtschaft, aufzukaufen. Nicht der angebliche Crash, das *Ausbleiben* des Crashs ist ein Rätsel, das ich unter anderem am Beispiel von zehn US-Aktien löse, die beide angeblichen Crashs, also die von 2000/2001 und 2008/2009, mit großen Gewinnen weggesteckt haben. Die durch das US-Bilanzrecht zur Manipulation ihrer Bilanzen und damit Börsenkurse berechtigten US-Unternehmen haben damit von der angeblichen Weltfinanzkrise mehr profitiert als die europäischen und asiatischen Unternehmen. Am Ende des zweiten Teils stelle ich die Frage: Warum wird Wirtschaft nicht in der Schule gelehrt? Der Vergleich von Wirtschaft und dem in Kindergarten und Schule sehr erfolgreich gelehrten Straßenverkehr zeigt nämlich, dass man nur lernen kann, was auch Regeln folgt. Lesen. Rechnen. Verkehrsverhalten. Wirtschaft aber folgt keinen offenliegenden Regeln, deren Befolgung ihre Teilnehmer vor Unfällen und Schäden schützt. Sie gleicht eher einer Nebelfahrt bei Glatteis. Sie stellt ein ständiges, völlig unkalkulierbares Risiko dar.

Die ständigen Täuschungen und Betrügereien in der Wirtschaft haben ja letztlich nur ein Ziel: möglichst selbst am wenigsten von den Unsicherheiten und Schwankungen der Wirtschaft betroffen zu werden. Sie entspringen der Sehnsucht nach einer heilen kommunistischen Welt ohne Märkte, Preise, Konkurrenz und Wettbewerb, in der jeder sein Leben unbelastet im Paradies verbringt.

Von John D. Rockefeller soll das Bonmot »Wettbewerb ist eine Sünde« stammen. Mit diesem Credo gründete er 1910 zusammen mit sechs anderen Bankern die Federal Reserve, die angebliche »Zentralbank« der USA, die in Wirklichkeit den Geschäftsbanken gehört. Heute vergeht kein Tag, an dem nicht Unternehmen weltweit darum kämpfen, von den Widernissen der lästigen Marktwirtschaft entlastet zu werden. Dazu gibt es eigentlich nur zwei Wege, die leider beide mit größtmöglicher Korruption verbunden sind:

1. Die Unternehmen verabreden sich, wie jüngst die deutschen Kaffeehersteller Tchibo, Melitta, und Dallmayr, zu Preisabsprachen, zu sogenannten *Kartellen*. Dann kann kein Markt mehr ihre Preise und Konditionen in Frage stellen. Diese Verabredungen sind immer riskant, wenn ein *whistleblower* auspackt. Wenn es aber, wie in fast allen Wirtschaftsbereichen, etwa in der Energie, in der Automobilwirtschaft, in der Chemie, der Pharmaindustrie, der Computerindustrie und der Telekommunikation, ohnehin nur noch ganz wenige Mitbewerber gibt, da die korrupten Regierungen den Wettbewerb erfolgreich zerstört haben, braucht man selbst keine Kartelle mehr. Man kann dann die Marktbedingungen beliebig diktieren.
2. Die Unternehmen bringen den Staat dazu, Gesetze zu verabschieden, die den Absatz ihrer Produkte und Dienstleistungen absichern, und jeden mit Polizei und Gerichtsvollzieher zu verfolgen, der diese Produkte nicht abnimmt oder nicht bezahlen kann und will. So wird der Staat zu einer Absatzorganisation für oligarchische Wirtschaftsmonopole, die ihre Preise und Bedingungen verschleiern – auch wenn sie längst nur noch selten Einzelpersonen gehören, sondern Syndikaten von Bürgern, die so viele Überschüsse für ihr Alter ansparen können (oder wie Beamte bei den anderen durch Steuern zwangseinziehen), dass alle Arbeitenden ihre Schuldner werden, die die Renditen für die Pensionsfonds und die Zinsen für die Staatsschulden erwirtschaften müssen. Da sie dabei für ihr eigenes Alter keine Rücklagen bilden können, ist dies ein Schneeballsystem.

Nach zwei Buchteilen über alltägliche und internationale Täuschwirtschaft, die man oberflächlich betrachtet in die Reihe der derzeit zahlreich erscheinenden Kapitalismuskritiken stellen könnte (wenn ich nicht das Gegenteil behaupten würde, dass nämlich die ganze Täuschwirtschaft nicht Ausdruck von freien Märkten, sondern des Gegenteils ist!), möchte ich aber im dritten Teil versuchen, eine Alternative aufzuzeigen. Die Bewertung von weniger volatilen Gemeingütern (altmodisch Allmende, engl.: *Commons* und *Public Goods*) wie menschlicher Arbeits- und Lebenszeit sowie besiedeltem und unbesiedeltem Raum ermöglicht es, ein Gemeinschaftsprodukt zu errechnen. In dieses gehen so unterschiedliche Komponenten wie die Potenziale an regenerativen Energien, der öffentliche Zugang zum Land, persönliche Lebenszufriedenheit, Religion und Kultur ein.

Es könnte für viele Staaten, aber auch für Regionen und Städte interessant werden, die eigene Volkswirtschaft unabhängiger von den Strömen der Weltfinanzen zu berechnen und zu organisieren. Ich mag das Wort nachhaltig nicht, weil es heutzutage über alles gepinselt wird, aber wenn es Generationenverträge gibt, dann muss letztlich auch Wirtschaft in Generationenzyklen berechnet werden. Dafür gäbe es eine neue Definition: »Wirtschaft ist das Zusammenspiel zwischen natürlichen, sozialen und privaten Gemeingütern.« Oder noch besser: von Geschenken. Schließlich wäre das ja das Schönste, was Wirtschaft für uns sein könnte: ein riesiges Geschenkpaket der Natur, das wir öffnen und untereinander weiterreichen. Auch Gott schuf die Welt einst aus dem Nichts. Die creatio ex nihilo ist noch immer das effektivste Prinzip in der Wirtschaft. Wo noch nichts war, muss auch nichts vorgetäuscht werden.

Teil I: Der tägliche Betrug gleich um die Ecke – asymmetrische Information in der Alltagsökonomie

I.1 1600 Prozent Rendite pro Jahr – mit Überziehungszinsen für Arbeitslose

Wir stellen uns folgende Werbung vor:

> Investieren Sie jetzt nach der Finanzkrise in eine todsichere Geldanlage mit 1600 Prozent Jahresrendite. Sie halten das für unmöglich? Dann rufen Sie uns an unter 01805-77 77 77 und lassen Sie sich unsere Staatsgarantien zeigen.

Wahrscheinlich würden wir lächelnd abwinken. Haben wir von diesem Schrott in den letzten Jahrzehnten nicht genug gehört?

In Zeiten billigen Geldes, also niedriger Zinssätze der Zentralbanken, werden Sparer nicht mit hohen Renditen verwöhnt. In der Regel müssen sie sich mit 1,5 bis 2 Prozent Zinsen begnügen. Dafür aber – so locken die Geldverleiher – würden sie auch keine Risiken tragen. Die Ökonomen nicken dazu beifällig. »Hohes Risiko, hoher Zins«, erklären sie uns. Niedriges Risiko, niedriger Zins. Die meisten Sparer sind mit dieser Erklärung zufrieden, ja, sie haben das Gefühl nach der Finanzkrise durch ihre niedrige Rendite zu einer besonders altruistischen Moral beizutragen, indem sie *ihre Gier* im Zaum halten. Niedrige Rendite ist heute ein regelrechtes Adelsprädikat geworden, das man gegenüber Freunden und Familien gerne trägt. Natürlich sendet man mit dem Bekenntnis zu niedriger Rendite auch eine zweite, unmissverständliche Botschaft: Ich habe es nicht nötig, große Risiken einzugehen. Ich bin auf meine Rendite für meinen Lebensunterhalt nicht angewiesen.

Im sogenannten Interbankenverkehr leihen derzeit die Zentralbanken den Geschäftsbanken Geld für 0,125 Prozent Jahreszins in den USA und 1 Prozent Jahreszins in Europa. Die Begründung für diese historisch niedrigen Zinssätze ist die, dass dadurch die Kreditvergabe der Banken an Unternehmen und Konsumenten gefördert werden solle. Diese würden mit diesem Geld Ausgaben und Investitionen tätigen, die wiederum die Arbeitslosigkeit senken und das Steueraufkommen erhöhen würden, wodurch der Staat zusätzliche Einnahmen bekäme, die er dann zur Wirtschaftsförderung … wir halten an dieser Stelle inne. Fachleute nennen diesen Glauben Keynesianismus, benannt nach dem britischen Mathematiker John Meynard Keynes (1883–1946).

Nun könnte man zugunsten der Keynesianer, zu denen eigentlich alle schuldenmachenden Regierungen zählen, anführen, dass in der Tat Unternehmen und Privatleute möglicherweise Kredite in zweistelliger Milliardenhöhe aufnehmen würden, wenn diese mit 1 oder 2 Prozent Zinsen und ohne Sicherheiten verliehen würden. Der von Keynes errechnete Effekt würde möglicherweise sogar eintreten. Allein, es werden zwar Kredite angeboten, deren Zinssatz bewegt sich – wenn es nicht um den Kauf von Immobilien geht – jedoch zwischen 6,5 Prozent und 18 Prozent pro Jahr. Wenn, wie bei vielen Konsumentenkrediten üblich, der Kreditnehmer dazu auch noch eine Restschuldversicherung aufnehmen muss, kann der effektive Jahreszins nach Berechnungen der Zeitschrift Finanztest auch durchaus 24,5 Prozent erreichen.

Weiterhin müssen wir uns vergegenwärtigen, dass die Banken nicht gezwungen werden, sich zu 1 Prozent Zins Geld von der Zentralbank zu leihen. Es handelt sich um ein Angebot, nicht um mehr. Zweitens können Banken auch nicht dazu verpflichtet werden, Kredite mit einem Aufschlag von nur 300 Prozent statt mit einem Aufschlag von 1600 Prozent an die Kunden weiterzugeben. Das würde nämlich heißen, dass sie zum Verlustmachen verurteilt werden, was den hehren Idealen der Marktwirtschaft zutiefst widerspricht. In anderen Wirtschaftsbereichen unserer Gesellschaft, insbesondere im Handel, liegt die sogenannte Handelsspanne im Handel von Produkten bei 20 bis 425 Prozent. Bei dem Verkauf eines Neuwagens sind 20 Prozent bereits eine sehr gute Handelsspanne. Bei Milch und Käse kann man dank staatlicher Subventionen 40 Prozent aufschlagen, bei Fleisch und Wein 60 Prozent, bei Kaugummi 100 bis 300 Prozent, bei Mineralwasser gerne auch 300 bis 425 Prozent. Kleidung wird mit einer Spanne von 100 bis 200 Prozent weiterverkauft.

Wie aber lässt sich eine Handelsspanne von 1600 Prozent erzielen und dies auch noch völlig ohne Vorratshaltung, weil die Banken nur so viel Geld von der Zentralbank anfordern, wie sie mit dieser Spanne weiterverleihen können? Und fällt dieser Handel, der ja durch den Staat überhaupt erst ermöglicht wird, nicht unter § 138 des Bürgerlichen Gesetzbuches, ist also in jeder Hinsicht Wucher?

Das Letztere würde voraussetzen, dass sich der Kreditnehmer in einer Notlage befindet, die der Wucherer ausnützt. Wer aber wird dazu gezwungen, Kredite aufzunehmen, wenn man doch durch den Bezug von Arbeitslosengeld II bzw. Hartz IV die Mindestkosten des Lebensunterhaltes vom Staat bezahlt bekommt?

Die Antwort ist wie immer in den spitzfindigen Argumentationen des organisierten Betrugs in der Wirtschaft anders als vermutet. Fast alle Arbeitslosen und Sozialhilfeempfänger haben nämlich Schulden aus der Zeit vor dem Bezug des ALG II. Wenn sie nicht Privatinsolvenz beantragt haben, müssen sie Zins und Tilgung für diese Kredite auch dann weiterbezahlen, wenn sie ALG II beziehen. Natürlich wissen das die Arbeitsagenturen und sie haben auf diese Tatsache auch eine rechtliche Antwort: Zinsen und Tilgung werden nicht vom ALG II bezahlt. Das heißt: Solange ein ALG-II-Empfänger nicht Privatinsolvenz beantragt hat, muss er von dem bereits sehr niedrigen Hilfesatz auch noch Zins und Tilgung für seine Kredite bezahlen. Das ist eigentlich unmöglich und kann nur dadurch geschehen, dass er – obwohl das strafbar ist und zum Entzug der Leistung führen kann – weitere Einnahmen gegenüber dem Amt verschweigt. Die Arbeitsagentur zwingt also Millionen ALG-II-Empfänger zum Leistungsbetrug, insbesondere bei der Vermeidung der sogenannten Bedarfsgemeinschaft, also der Verrechnung mit Einkommen und Vermögen von Lebenspartnern, die noch über nicht verpfändete Einnahmen verfügen.

Doch lassen wir die Theorie. Ich habe mir die Situation einer ALG-Empfängerin im bayerischen Landkreis Freising näher angesehen. Sie hat aus besseren Zeiten noch einen Überziehungsrahmen von 3500 Euro bei der staatseigenen Postbank. Auf ihrem Kontoauszug steht dieser Betrag, obwohl es dazu aber keinen Kreditvertrag gibt. Zum Zeitpunkt meiner Untersuchung bezahlte sie für ihre *geduldete* Überziehung einen Zinssatz von 18,2 Prozent. Daraufhin ging ich zur Bank und versuchte, für sie einen Vertrag zu bekommen. Wenn sie ihren Kredit in einen Ratenkredit verwandeln würde, betrüge der Zinssatz nur noch 9,5 Prozent. Dafür aber, so die Bank, müsse sie ein Monatseinkommen von mindestens 2000 Euro nachweisen. Zum Glück für die Bank ist dies völlig unmöglich. Damit die ALG- Empfängerin nun nicht über das Limit hinausgeht, muss sie ihr ALG pünktlich bekommen – genau das geschieht aber nicht. Einst wurde Sozialhilfe auf Wunsch bar ausbezahlt. Damit konnten die Bedürftigen pünktlich ihre Miete, ihren Strom und ihr Telefon bezahlen. Nun wird das Geld überwiesen – in diesem Fall 21 Tage nachdem es benötigt wurde. 21 Tage, in denen das Geld – sofern es überhaupt einen geduldeten Überziehungsrahmen gibt – zu 18,2 Prozent geliehen werden muss. Natürlich weigern sich die Arbeitsagenturen, diese Kapitalkosten zu bezahlen. Während alle Arten von Mahngebühren rechtens sind und dafür sorgen, das Kleinrechnungen von 30 Euro schnell auf 120 Euro steigen und der Gläubiger für diese Kosten sofort einen rechtsgültigen Titel erhält, müssen ALG-Empfänger wochen-, oft monatelang auf ihr Geld warten. Diese zu späte Überweisung ist letztlich eine Art Arbeitslosensonderabgabe für Banken, ein Solidaritätsbeitrag der wirtschaftlich Schwächsten zur Gewährleistung einer Kapitalrendite von 1600 Prozent und mehr.

Im Jahre 2009 wurden rund 17 Milliarden Euro von der Arbeitsagentur als Arbeitslosengeld ausgezahlt (Presseinfo Bundesagentur 014/2009). Die Zahlung mit durchschnittlich 14 Tagen Verspätung würde bei einem Durchschnittszins von 15 Prozent den Banken alleine von der doch überschaubaren Kundengruppe der 3,6 Millionen Arbeitslosen eine Zinseinnahme von 1,25 Milliarden Euro bescheren – und dies bei Kapitalkosten von maximal 2 Prozent! Aber das ist noch nicht alles, denn die Arbeitslosen müssen von ihrem ALG ihre Kreditzinsen auf Kosten der Mittel für den täglichen Bedarf abzwacken. Faktisch bedeutet die verspätete Zahlung bereits eine Kürzung des ALG um 7,5 Prozent. Durch Zins, Tilgung und Mahngebühren verkürzt das ALG sich um weitere 20 Prozent. Nach dieser Gesamtkürzung von 27,5 Prozent werden dann die Arbeitslosen mit dem verbleibenden Minibudget in die Supermärkte geschickt, wo sie durch die Zahlung von weiteren 19 Prozent Mehrwertsteuer, u.a. auf Babynahrung und Mineralwasser – Tiernahrung wird mit einem Mehrwertsteuersatz von 7 Prozent subventioniert –, dazu beitragen, ihr Land auf Wachstumskurs zu halten.

Durch die Garantien, die die Bundesregierung im Namen des deutschen Steuerzahlers im Rahmen des Finanzmarktstabilisierungsgesetzes an deutsche Banken vergeben hat, hat sie Beteiligungen an der Commerzbank und der Dresdner Bank, über die Postbank auch an der Deutschen Bank erhalten. Da die Sparkassen ebenfalls deutschen Kommunen und Ländern gehören, verdient deshalb der deutsche Staat am Zinswucher mit Arbeitslosen kräftig mit. Sobald diese Arbeit haben, geht es aber erst richtig los: Dann sollen über die Filialen der Geschäftsbanken Riester-Renten abgeschlossen werden, die wiederum das Geld der fleißig Sparenden besonders mündelsicher anlegen, in Staatsanleihen der Bundesrepublik Deutschland nämlich, mit denen die Bankenhilfe finanziert wurde.

Im Grunde sind das alles Sondersteuern für Klein- und Kleinstverdiener, denn weder benötigen Gutverdiener eine Riester-Rente, noch gelten für sie die Zinssätze für Arbeitslose. Als Gutverdiener kann man derzeit seinen Dispositionskredit für 6,5 Prozent Jahreszins bekommen, wenn man ihn über das Geschäftskonto laufen lässt.

Dass die Banken, die mit Staatsbeteiligung und unter dem Schutz des strengen deutschen Rechtsstaates 1600 Prozent Handelsspanne auf ihre Kredite aufschlagen können, dennoch keine fantastischen Gewinne ausweisen, ist nicht den vielen Kreditausfällen bei den Kleinverdienern zuzuschreiben. Spekulationen mit Währungen und US-Immobilien, Bürgschaften für marode Großbetriebe, an deren Erhaltung politisches

> Wer in der Absicht, sich oder einem Dritten einen rechtswidrigen Vermögensvorteil zu verschaffen, das Vermögen eines anderen dadurch beschädigt, dass er durch Vorspiegelung falscher oder durch Entstellung oder Unterdrückung wahrer Tatsachen einen Irrtum erregt oder unterhält, wird mit Freiheitsstrafe bis zu fünf Jahren oder mit Geldstrafe belegt.

Wer also jemandem eine langfristige Lebensversicherung verkauft, obwohl er den festen Vorsatz hat, der Käufer möge die Versicherung möglichst nach etwa fünf Jahren kündigen, weil das für den Versicherer am wirtschaftlichsten ist, hat mit Sicherheit falsche Tatsachen vorgespiegelt, zumindest aber wahre Tatsachen unterdrückt, denn das Ablaufziel ist weder statistisch noch programmatisch bestätigt. Der Lebensversicherer behauptet dennoch hartnäckig, die Lebensversicherung diene der Vermögensmehrung des Versicherten. Aber muss es gleich ein so teures und komplexes Produkt sein, das immerhin ein Widerrufsrecht hat und von dem bereits hohe Gerichtsinstanzen festgestellt haben, dass es intransparent ist? Ein Telefonanruf für 50 Cent kann nicht widerrufen werden und wird auch nicht Gegenstand von Klagen werden – außer, wie es oft geschieht, wenn arme Telefonierer vollstreckt werden, die ein paar hundert dieser Anrufe in der Hoffnung auf einen kleinen Gewinn oder nur in der Hoffnung auf die Aussicht auf Gewinn getätigt haben. Wenn der Hinweis »Die Kosten aus dem Mobilnetz können gegebenenfalls abweichen« als Preisauszeichnung ausreicht – und so sieht es der Gesetzgeber –, dann wird der Telefonierende selbst schuld sein. Er hätte sich ja über die Kosten informieren können. Zwar werden die Kosten ganz ausdrücklich verschwiegen, sonst stünden sie ja neben der Telefonnummer, aber wird hier ein Irrtum erregt? Wenn man ganz spitzfindig argumentiert, könnte man sagen, dass schon deshalb gar kein Irrtum erregt werden kann, weil der Preis gar nicht genannt wird. Die Hausjuristen der großen Telefonanbieter wissen ganz genau, warum sie mit diesem Satz durchkommen: weil kein Gericht ihr Tun nach § 263 StGB beurteilen wird.

Abgesehen von der grundsätzlichen Frage, ob Telefondienste und Kapitallebensversicherungen überhaupt als betrügerische Handlungen identifiziert werden können – wer sollte dort der anzuklagende Täter sein? Der

Versicherungsvertreter? Die Callcenter-Mitarbeiterin? Es ist nicht nur schwer, sondern annähernd unmöglich, für solche Betrügereien natürliche Personen ausfindig zu machen, die diese vorsätzlich oder fahrlässig begehen. So könnte sich zu Recht jeder angeklagte Mitarbeiter darauf berufen, dass die betrügerischen Produkte jahrelang nicht als Betrügereien verfolgt wurden, sie quasi als Gewohnheitsrecht legalisiert wurden. Warum hätte dann ein rechtsunkundiger Mitarbeiter befürchten müssen, dass sie nach § 263 StGB eben doch strafbar waren? *Dummheit schützt vor Strafe nicht,* heißt es. Aber wo in den Ausbildungsrichtlinien für Versicherungsvertreter und Telefonvertriebsleute wird erklärt, dass diese mit dem Verkauf betrügerischer Produkte ein jeweils abzuwägendes persönliches Rechtsrisiko eingehen?

Wir könnten diese Rechtserwägung hier beenden. Oder wir können versuchen, in der Tiefe der Betrugsrechtsprechung zumindest eine Betrugskategorie zu finden, die es theoretisch ermöglicht, das Betrugsgesetz auch anzuwenden. Sehen wir uns einmal eine kleine Auswahl von Betrugsarten an:

Leistungsbetrug. Dabei verspricht der Täter eine Leistungserbringung, kassiert, liefert dann aber die Leistung nicht. In unseren beiden Beispielen: Unsinn, denn die Lebensversicherung wird ja vom Kunden gekündigt, nicht von der Versicherung. Diese wird sich darauf berufen, dass sie die Leistung erbracht hätte, was in einem gerichtlich vorgetragenen Fall sicher auch stimmen wird. Der Telefonanbieter hat die Verbindung des Kunden zum Callcenter hergestellt. Wenn dieses überlastet war, geriet er auf eine Ansage. Damit musste er rechnen. Die versprochene Leistung, nämlich eine Telefonverbindung, wurde also geliefert.

Erfüllungsbetrug. Ein Geschädigter leistet aufgrund eines täuschungsbedingten Irrtums mehr oder erhält weniger als vereinbart. Der Lebensversicherer weist immer darauf hin, dass die Überschussanteile auch niedriger sein können oder gar ausfallen können. Seit neuestem müssen Lebensversicherer auch bei vorzeitiger Kündigung mehr auszahlen. Eine Klage ist völlig ausgeschlossen. Bei den Call-in-Telefonaten mit Gewinnspielen erwartet der Teilnehmer, zum Kreis derer zu gehören, die potenziell als Gewinner ausgelost werden können. Wenn die Telefonansage ihm dann aber meldet »Sie haben leider kein Glück gehabt«, müsste der Anbieter sozusagen bereits die Annahme der Telefonate als zufallsgesteuertes Gewinnspiel organisieren – und eben das kann er mit seiner Technik nachweisen. Wer also zwanzigmal anruft, hat aus Sicht der Anbieter auch zwanzigmal teilgenommen; aus Gerichtssicht ist er einfach strohdumm.

Eingehungsbetrug. Der Betrüger täuscht dabei den Betrogenen über seine Absicht, die aus dem Vertrag resultierenden Verpflichtungen zum Zeitpunkt ihrer Fälligkeit auch tatsächlich zu erfüllen. Dies gilt sicher für viele Versicherungsarten, deren versicherungsmathematische Kalkulation darauf beruht, dass das Risiko entweder gar nicht oder kaum besteht oder die Leistung von derart vielen Faktoren abhängt, dass es nie zur Leistungserbringung kommt. Interessanterweise ist Eingehungsbetrug – die Gerichte kennen ihn nur als Einmietbetrug und Zechprellerei – aber kein strafbares Delikt. Er wird es erst dann, wenn der Betrüger zum Zeitpunkt des Vertragsabschlusses bereits weiß, dass er die Leistung nicht erbringen kann, will oder wird. Bei der Lebensversicherung werden wir dann wieder auf den Leistungsbetrug verwiesen.

Neben den drei Betrugsarten gibt es im Bürgerlichen Gesetzbuch (BGB) auch noch § 138 mit dem Titel »Sittenwidriges Rechtsgeschäft, Wucher«. Er ist sehr einfach verständlich und lautet:

> (1) Ein Rechtsgeschäft, das gegen die guten Sitten verstößt, ist nichtig.
>
> (2) Nichtig ist insbesondere ein Rechtsgeschäft, durch das jemand unter Ausbeutung der Zwangslage, der Unerfahrenheit, des Mangels an Urteilsvermögen oder der erheblichen Willensschwäche eines anderen sich oder einem Dritten für eine Leistung Vermögensvorteile versprechen oder gewähren lässt, die in einem auffälligen Missverhältnis zu der Leistung stehen.

Wir werden im Folgenden einmal untersuchen, ob und wie zumindest einer dieser vier Betrugstatbestände auf betrügerische Angebote angewendet werden kann.

I.3 Eine Versicherung ohne Versicherungsfall: die Restschuldversicherung

Ich habe vor kurzem einen Versicherungsvertrag für eine Restschuldversicherung der Nürnberger Versicherung gesehen, die zwangsweise mit dem Autokreditvertrag abgeschlossen werden musste. Auf den ersten Blick sah es so aus, als ob die Raten der Schuldnerin versichert würden. Aber im Kleingedruckten stand, dass dies nur für die Monatsraten gelte, nicht aber für die Schlussrate in Höhe von 50 Prozent des Kaufpreises. Als die Autobesitzerin arbeitslos wurde, musste sie feststellen, dass die Versicherung bei Arbeitslosigkeit nicht eintritt. Sie wurde dann wegen einer chronischen Krankheit krankgeschrieben – und auch hier stand im Vertrag, dass Krankheit nur dann zum Versicherungsfall führt, wenn diese nicht auf Vorerkrankungen innerhalb eines Jahres vor Abschluss des Vertrages zurückzuführen ist. Faktisch hätte die Versicherung aber nur für Unfälle gegolten, die zu einem Verlust des Arbeitsplatzes und der folgenden Nichtzahlung der Rate geführt hätten. Wegen eines Unfalls oder einer Krankheit darf aber kein Mitarbeiter gekündigt werden. In einem Verkehrsunfall müsste zudem die gegnerische Haftpflichtversicherung alle Schäden bezahlen, die im Zusammenhang mit dem Unfall entstehen, gegebenenfalls also auch eine Autokreditrate, wenn die Geschädigte nicht mehr fahrtüchtig ist.

Kurz: Diese Versicherung kannte außer dem Ableben der 35-jährigen Versicherten gar keinen Versicherungsfall. Sie war ein reines Kopplungsprodukt zum Kreditvertrag, dessen sicheren Gewinn sich der Autohändler und die Versicherung teilen.

Wie die Zeitschrift *Finanztest* herausfand, verteuerten diese Versicherungen einen 10 000-Euro-Kredit um bis zu 20 Prozent und kamen damit auf Effektivzinssätze bis zu 24,4 Prozent pro Jahr. Die deutsche Gesetzgebung und Justiz sehen das jedoch nicht als Grund zum Eingreifen an.

Es wäre zumindest interessant, den Ausgang eines Prozesses wegen aller drei Betrugsarten, also Leistungs-, Erfüllungs- und Eingehungsbetrug zu erproben. Es ist zu vermuten, dass die Versicherung einlenken wird und vermutlich auch einer vorzeitigen Kündigung zustimmt. Sie weiß nämlich genau, dass so ein Produkt rechtlich nicht unbedingt durch alle Instanzen standhält. Sie weiß aber auch, dass nicht einmal einer von 5000 Kunden von dem betrügerischen Vertrag zurücktreten wird, weil die Kunden das Gefühl haben, versichert zu sein und ihre Verträge einhalten zu müssen.

Wo kein Kläger, da kein Richter, könnte man sagen. Wir können davon ausgehen, dass in der hohen Schule der Versicherungsmathematik nicht nur Schadens-, sondern auch potenzielle Klagequoten eine Rolle spielen. Als eine der hier erwähnten Restschuldversicherungen vor dem Landgericht Bonn landete, stellte dieses nüchtern fest, nach § 138 Abs. 1 des Bürgerlichen Gesetzbuches (BGB) sei dies kein »wucherähnliches Geschäft« gewesen, weil kein »auffälliges Missverhältnis« zwischen Leistung und Gegenleistung festgestellt werden könne. Aus dem gleichen Grund können auch Pfandhäuser weiter mit Jahreszinsen von 50 Prozent und mehr am Markt bleiben. Es existiert schlichtweg kein Gesetz, das vor Wucher schützt. Obwohl zahlreiche Medien und Verbraucherschützer seit Jahren die Koppelung von Krediten mit Restschuldzwangsversicherungen bemängeln, hat das Oberlandesgericht Stuttgart einem Kläger am 26.05.2009 Folgendes in das Urteil geschrieben:

> Ob ein Darlehensvertrag und ein (gleichzeitig mitkreditierter) Restschuld-Versicherungsvertrag verbundene Geschäfte gem. § 358 Abs. 3 Satz 1 BGB sind, bleibt offen.
> (Urteil 6 U 21/09)

Das Oberlandesgericht Oldenburg dagegen ist sich sogar ganz sicher, dass diese Kopplungsgeschäfte gar keine Kopplungsgeschäfte sind. Es urteilte am 15.01.2009 in gleicher Sache:

> Selbst wenn gleichzeitig mit Darlehensverträgen so genannte Restschuldversicherungsverträge abgeschlossen werden, stellen die Verträge keine verbundenen Geschäfte i.S. von § 358 Abs.1, Abs. 2 S. 1 BGB dar.
> (Urteil 8 U 122/08)

Besonders lesenswert ist auch die Begründung des OLG Oldenburg, warum Banken nicht – wie von allen Verbraucherschützern gefordert – die Restschuldversicherung in den effektiven Jahreszins miteinbeziehen müssen: Wenn, so die Richter im Namen des Volkes, im Kreditvertrag der Abschluss einer Restschuldversicherung nicht zwingend vorgeschrieben ist, »sind bei der Frage, ob ein auffälliges Missverhältnis zwischen Vertrags- und Marktzins besteht, die Kosten der Restschuldversicherung nicht bei der Berechnung des Vertragszinses zu berücksichtigen«.

Die Bank muss also nur darauf achten, die Restschuldversicherung zur nicht vertraglich erwähnten Bedingung zu machen. Die Richter in Oldenburg scheint auch nicht gestört zu haben, das beide Verträge zur gleichen Minute vom gleichen Bankmitarbeiter verfertigt und unterzeichnet wurden. Solange im Kreditvertrag kein Zwang zum Abschluss steht, ist es keine Kopplung. Ein großer Restschuldversicherer schreibt deshalb auch in seinem Werbeprospekt für Banken, seine Restschuldversicherungen hätten für die vertreibende Bank die Vorteile »zusätzliche Erträge, minimaler administrativer Aufwand« und – dank OLG Oldenburg – »einfachste Einbindung ins Kernprodukt«.

In diesem rechtlichen Umfeld kann man dann auch folgende Dienstanweisung eines Versicherers verstehend bewundern. »In diesem Interessenfeld kommt dem Verkaufspersonal am Point-of-Sale (POS) eine Schlüsselrolle zu. Im direkten Kundengespräch sollte die wirtschaftliche Gesamtsituation des Kreditnehmers erfragt und bewertet werden. Dazu gehört auch, ein allfälliges Vorsorgebedürfnis anzusprechen und über das empfohlene Versicherungsprodukt professionell aufzuklären.« Der Versicherer jubelt, für dieses Produkt bestehe nämlich gerade jetzt, nach der Finanzkrise, ein »großes Absatzpotential«. Die Begründung: »In Anbetracht der anhaltend schlechten Wirtschaftslage und der steigenden Arbeitslosenzahlen kann davon ausgegangen werden, dass das Sicherheitsbedürfnis der Kreditnehmenden steigt.«

All diese Rechtsgeschäfte, dem Grunde nach gut geplante Betrügereien, verstoßen also nicht gegen die »guten Sitten« des § 138 BGB. Sie nützen auch nicht die Zwangslage oder Unerfahrenheit der Kreditnehmer

Oder hält sich nicht jeder selbst für eine große Ausnahme, indem er seine selbst begangene Gesetzesübertretung rechtfertigt, verharmlost und leugnet? Die Frage nach den gegenwärtigen guten Sitten ist leider nicht nur durch die Rechtsprechung der deutschen Gerichte, sondern auch durch die Vertriebs- und Werbepraxis von Restschuldversicherungen beantwortet: Betrug gehört inzwischen allenthalben zur guten Sitte. Er ist nicht nur geduldet, sondern er wird als legale maximale Ausschöpfung des von den Wirtschaftswissenschaften gepredigten Eigeninteresses, als Ausdruck von freier Wahl begrüßt. Und wer dies anders sieht, dem ruft Ulrich Wickert zu: Der Ehrliche ist der Dumme.

I.4 200 000 Prozent Abweichung – staatlich garantierte Stundenlöhne

Die Älteren unter uns erinnern sich noch daran, wie in Schulbüchern und Medien eine geometrische Form namens *Pyramide* zum Einsatz kam. Neben der Alterspyramide war dies insbesondere die *Einkommenspyramide.* Sie drückte aus, dass die Einkommen unten an der Basis niedriger waren und dann zur Spitze hin aufstiegen. Oder umgekehrt: dass oben in der Spitze mehr, dafür aber von viel weniger Menschen verdient wurde. Die geometrische Form Pyramide ist aber auch ein Dreieck, so dass sie mathematisch betrachtet einen linearen Anstieg visualisiert. Auch in jüngeren Lehrbüchern, etwa in *Grundzüge der Volkswirtschaftslehre* von Heinz-Dieter Hardes und Alexandra Uhly ist die Einkommenspyramide ein gebräuchlicher Begriff, der das relative Einkommen von Haushalten im Vergleich zu anderen Haushalten bezeichnet.[1]

In letzter Zeit wurden insbesondere die Gehälter von Bankern und deren Boni, letztlich dann aber alle Spitzengehälter in der Wirtschaft veröffentlicht und kritisch in Frage gestellt. Die Diskussion wurde mit den Begriffen Gier und Neid assoziiert. Allerdings sollten wir berücksichtigen, dass frei vereinbarte Gehälter und Honorare in der Wirtschaft auch in ir-

1 Hardes, Heinz-Dieter; Uhly, Alexandra: Grundzüge der Volkswirtschaftslehre, München 2007, S. 386.

gendeiner Form erwirtschaftet werden, und zwar nicht nur auf Kosten von Lohnsklaven, denen diese Boni und Abfindungen von ihrem kleinen Gehalt abgezogen werden, sondern auch auf Kosten der Eigentümer, Gläubiger und Aktionäre sowie der Kunden, Lieferanten und natürlich der Finanzämter.

Die Klage über die Ungleichheit der Einkommen in der Wirtschaft ist allerdings nur bedingt berechtigt. Wenn nicht Millionen Männer ihr größtes Glück darin sähen, Ferrari-Mützen zu kaufen und am Sonntagmorgen Formel-I-Rennen anzusehen, anstatt zur Kirche zu gehen oder mit ihren Kindern zu spielen, wären die Milliongehälter dort gar nicht möglich. Wenn der Wert eines Unternehmens nicht innerhalb von sechs Monaten um 100 Prozent schwanken würde – und das tut er ja bereits an der Börse – könnten Investmentbanker nicht derartige Gewinne für ihre Investmentbank erwirtschaften, an denen sie dann über Erfolgsprovisionen beteiligt werden. Wir müssen also leider anerkennen, dass extrem hohe Verdienste in der Wirtschaft nicht Ausdruck eines Fehlverhaltens von Spitzenmanagern sind, sondern nur die Konsequenz eines bedingungslosen Strebens nach Erfolg (vgl. dazu mein Buch *Warum Erfolg nicht machbar ist und das gar nicht so schlimm ist*[2]).

Ganz anders aber verhält es sich mit jenen Löhnen, die nicht durch eine oft auch noch risikoreiche Spitzenleistung erwirtschaftet werden, sondern die ohne jede Berücksichtigung der jeweiligen persönlichen Leistung bezahlt werden. Dort lässt der liebe Gott des Zahlens jeden ins Himmelreich, ohne Ansehen der Person. Wo herrscht dieses Paradies? Nun, überall dort, wo durch den Staat und staatliche Gesetze der Lohn festgelegt wird. Dort kann kein Konkurrenzangebot ihn mindern, da der Auftrag oder die Arbeit exklusiv an eine Einzelperson oder eine Interessengemeinschaft vergeben und garantiert wird. Man erhält diesen gesicherten Lohn in dem Moment, in dem man einer solchen staatlich geförderten Gemeinschaft angehört. Es gibt Staaten wie Irak, Nigeria, Italien und Griechenland, in denen man bis heute sogar dafür bezahlen muss, dass man im staatlich garantierten Bereich arbeiten darf. In Deutschland und Öster-

[2] Dill, Alexander: Warum Erfolg nicht machbar ist und das gar nicht so schlimm ist. Salzburg 2009.

Beruf	Stundenlohn
Insolvenzverwalter	Nach InsVV bei Masse von 50 Millionen mit Erstellung von Insolvenzplan 2000 Euro
Minister	2 Jahre im Amt, verh. 2 Kinder, R 10 Stufe 0 = 139 896 Euro 1965 Euro monatl. Pensionsanspruch x 12 = 23 580 Euro + 12 000 Euro Beihilfe = 35 580 Euro x 30 = 1 067 400 Euro/2 = 533 700 Euro bei 1600 Stunden = 421 Euro/Stunde
Professor	Bayern, C4, Stufe 15 verh. 2 Kinder, 6893,73 Euro × 12 = 82 724,76 + 57 907,33 Euro Pension + 12 000 Euro Beihilfe = 152 632,09 Euro/1200 Stunden = 127,19 Euro/Stunde
Orthopäde mit Belegbetten	Bei Jahresbrutto von 240 000 Euro (2007) laut KBV + Krankenhaus und 1600 Stunden 312,50 Euro/Stunde
Sachverständiger Gericht	laut JVEG 50–95 Euro/Stunde
Oberarzt Krankenhaus, angestellt	TV Ärzte/VKA, Gruppe III, Stufe 1 6055 Euro = 72 660 Euro + 20 Prozent = 87 192 Euro 54,50 Euro/Stunde
Beamtete Sachbearbeiterin, halbtags 60 Prozent	Bayern, A 11, Stufe 11, verh. 3 Kinder 68 Euro/Stunde
Angestellte, Vollzeit	TVöD West, E 5, Stufe 4, verh. 3 Kinder, 2 241,63 Euro = 26 899,56 Euro + 20 Prozent = 32 279,47 20,17 Euro/Stunde
Putzfrau Rathaus extern	8,15 Euro gewerkschaftl. Mindestlohn × 1 600 = 13 040 Euro +20 Prozent = 15 648 Euro 9,78 Euro/Stunde
1 Euro Jobber	1,00–2,50 Euro/Stunde laut AGH-MAE

aus der Pension, in der Regel 70 Prozent des letzten Gehaltes sowie die Kosten für die Beihilfe, hinzugerechnet. Da z.B. ein Minister bereits nach zwei Jahren im Amt einen Pensionsanspruch von fast 2000 Euro erwirbt, wird ihm der gesamte, in unserer Annahme 30-jährige Pensionsanspruch in seinen Verdienst hineingerechnet. Noch 2001 konnte ein Beamter 75

Prozent seines letzten, natürlich durchweg höchsten Gehaltes als Pension erhalten. Doch inzwischen greift das Schneeballsystem auch für Beamte, d.h. die älteren Beamten beschließen die Kürzung der Gehälter und Altersbezüge der Jüngeren.

Die Kürzung der im Vergleich zur Durchschnittsrente der gesetzlichen Rentenversicherung geradezu fantastischen Pensionen ist noch nie unter den Sparvorschlägen von Regierungen oder Oppositionsparteien gewesen. Auch der Geschäftsführer des Bundes der Steuerzahler, Reiner Holznagel, schrieb mir 2009, dass er die 78,3 Milliarden Euro, die der Bund jährlich in die defizitäre Rentenversicherung als Subvention zuschießt, damit 1,9 Millionen Beamte und 4,1 Millionen Selbstständige nicht einbezahlen müssen, nicht als Verschwendung von Steuergeldern ansehe und deshalb auch nicht auf die Liste setzen werde.

Wenn die Pensionäre auch nur die gleiche Pension wie in der gesetzlichen Rentenversicherung erhielten, wenn die unsinnige Beitragsbemessungsgrenze für die Beiträge zur Renten- und Krankenversicherung aufgehoben würde, ließe sich mehr im Bundeshaushalt sparen, als die gegenwärtige Gesamtzinslast für die doch sehr beträchtliche Bundesschuld beträgt. Allerdings würden dann auch die Stundenlöhne der Begünstigten drastisch sinken. Wie gut, dass diese ja so individuell sind, dass sie gar nicht erst berechnet werden können.

I.5 Verdient wird nur bei Kündigung – die Paradoxie von Lebensversicherungen

Wir stellen uns vor, 75 Prozent der Kredite für Immobilien würden nicht zurückbezahlt – und die Banken würde das sogar freuen, weil sie am Kreditausfall mehr verdienen als bei der Erfüllung des Vertrages. Oder 75 Prozent aller Kaufverträge für Autos, Möbel und Elektronik würden vor der Auslieferung storniert. Wäre das nicht das Ende unserer gesamten Wirtschaft?

cherung und ihr Vertreterheer und bringt sie nicht in die Not, das Geld klug anlegen oder gar auszahlen zu müssen. Um welche Gewinne geht es dabei? Vor kurzem wurde der Fall des Klaus-Dieter Ziel erwähnt. Dieser hatte auf Empfehlung der Deutschen Bank – an der nun der deutsche Staat beteiligt ist – beim Deutschen Herold eine Lebensversicherung abgeschlossen.[4] An diese bezahlte er von Mai 2002 bis Ende 2003 16 150 Euro. Dann kündigte er – und versucht seitdem vergeblich, sein Geld zurückzubekommen. »Ein auszahlbarer Betrag ist nicht vorhanden«, schrieb ihm die Versicherung. Nach einer Schätzung der Verbraucherzentrale Hamburg haben in den letzten Jahren 24 Millionen Kunden solche Verträge gekündigt – sicher nicht alle mit so hohen Prämien, aber selbst wenn der Durchschnittsverlust »nur« je 5000 Euro betrüge, wären dies 120 Milliarden Euro, ein gigantischer Betrag. Wenn man bedenkt, dass in Deutschland Kassiererinnen wegen eines Wertbons von 2 Euro entlassen werden dürfen, dass alleinerziehenden Eltern der Kinderfreibetrag gestrichen wird, wenn Oma mit im Haus wohnt, dass die Finanzämter jeden Kilometer Fahrtkosten und jede Telefonminute hinterfragen, dann klingt dies unvorstellbar. Welches Interesse kann der deutsche Staat daran haben, derartige Großbetrügereien gesetzlich zu schützen? Wir werden auf diese Frage immer wieder stoßen, doch blicken wir zunächst auf das Produkt selbst, die LV, wie wir sie kumpelhaft nennen.

Seit Generationen gilt eine Lebensversicherung als sichere, langfristige Kapitalanlage. Obwohl eben diese Langfristigkeit die Lebensversicherung bereits in zwei Währungsreformen zum Totalverlust werden ließ, erfreut sie sich hartnäckiger Beliebtheit. Die Beitragseinnahmen der deutschen Lebensversicherer haben sich in nur zehn Jahren zwischen 1998 und 2008 von jährlich 23,1 Milliarden Euro auf 76,3 Milliarden Euro mehr als verdreifacht (laut Gesamtverband der Deutschen Versicherungswirtschaft). Das versicherungsmathematische Ziel muss nun darin bestehen, dass die Beitragseinnahmen die Ausgaben deutlich übersteigen. Das ist nicht kritikwürdig, denn niemand kann allen Ernstes erwarten, dass Lebensversicherer Verluste machen. Jahrelang sprach man von

[4] Der SPIEGEL 48/09, S. 103

der Allianz als Deutschland AG, weil sie nennenswerte Anteile an den großen deutschen Blue-Chips wie Daimler, Deutsche Bank und Siemens hielt. Viele Angehörige der Vorkriegsgenerationen haben in den 70er und 80er Jahren Lebensversicherungen ausbezahlt bekommen und dabei sehr gute Renditen erzielt. Diese wurden dann die Grundlage für die Hochrechnungen für Neuabschlüsse. Was man vergaß: Die guten Renditen der Vergangenheit setzten nicht nur ein hohes Wirtschaftswachstum voraus, sondern auch eine geringe Steuer- und Abgabenlast. Die Sozialabgaben haben sich aber in den letzten dreißig Jahren ebenso wie die Mehrwertsteuer verdoppelt. Und seit der Finanzkrise ist Wachstum kein Naturgesetz mehr. Dies könnte zu einer historisch absurden, aber durch die Betriebswirtschaft gestützten Wende führen: Die Lebensversicherer vergraulen all ihre Kunden und stellen das Produkt Lebensversicherung ein. Die versprochene Überschussbeteiligung für laufende Verträge läuft aus. Dann wird nüchtern bilanziert: Ist die jährliche Verzinsung der Gewinne aus dem Kündigungsbetrug höher als die noch offenen Auszahlungen? Wenn nicht: Wie lange können aus bestehendem Versicherungsvermögen die verbliebenen Kunden ausbezahlt werden? Dann können die Lebensversicherer letztlich als Banken oder Hedge-Fonds weiterbestehen, wenn nicht der Staat die Rückzahlung der veruntreuten Gelder an die Kunden verlangt. Vor dem Landgericht Hamburg bekam Klaus-Dieter Ziel am 20.11.2009 Recht.

Man darf nicht vergessen, dass die großen Versicherer eine Unzahl nutzloser Kleinversicherungen, etwa von Autokrediten, verkaufen, für die erst gar kein Versicherungsfall vorgesehen ist und deren Gewinn sie sich mit den Autohändlern teilen. Selbst wenn also die Lebensversicherung ganz ausfällt, können die verbliebenen Ansprüche durch andere Formen organisierten Betruges erfüllt werden. Wie wäre es zum Beispiel mit einer Zahnersatzversicherung, deren Leistung auf maximal 200 Euro je Zahn beschränkt ist, die erst nach einem Jahr Mitgliedschaft leistet und die Füllungen ausschließt? Mir und meinen Kindern konnte die einschlägig bekannte Allianz so ein Produkt andrehen – bis der erste Schadensfall kam. Dann folgte die von der Allianz bereits kalkulierte und erwünschte Kündigung. Immerhin hat sie 500 Euro Prämie verdient.

Es wäre interessant zu erforschen, welche Versicherungen noch in verschiedensten Variationen verzillmert sind. Rechtlicher Hinweis: Diese Beispiele bedeuten nicht, dass alle Versicherungen automatisch in betrügerischer Absicht verzillmert sind, sondern nur, dass die Mischkalkulation von echten und nicht vorhandenen Risiken zu den abenteuerlichsten Konstruktionen führt.

I.6 Kleine Abweichung von 357 Prozent – das Milliardengeschäft mit Telefongebühren

»Die Tarife beim Mobilfunk können ggf. abweichen« – dieser kuriose Satz begegnet uns auf fast jedem Fernsehkanal, in jeder Broschüre, Zeitung und Zeitschrift. Daneben steht eine Festnetznummer mit einem festen Tarif, meist so um die 15 Cent pro Minute. Man stelle sich vor, auf jeder Speisekarte im Restaurant würde der Satz stehen »Die Preise der bestellten Gerichte und Getränke können von denen in der Speisekarte ggf. abweichen«. Wir würden das Lokal sofort verlassen! Bei den Call-in-Diensten ist der vage Hinweis, die Kosten aus den Mobilfunknetzen können »ggf. abweichen« die Regel. Gegebenenfalls – wann könnte das sein? Wenn der Betreiber dazu Lust hat? Wenn die Strompreise steigen? Wenn es regnet?

Die meisten Haushalte haben heute auch mehrere Mobilfunkgeräte. Wer z. B. den Reiseservice der Deutschen Bahn anwählt, ist mit hoher Wahrscheinlichkeit bereits in irgendeiner Form unterwegs. Deshalb ruft er mit dem Mobiltelefon die Servicenummer des Bahn-Reiseservice 01805-99 66 33 an. Aus dem Festnetz kostet die Minute 14 Cent. Neben dem Preis steht der Hinweis, die Tarife aus dem Mobilfunk könnten ggf. abweichen. Ich rufe von meinem T-Mobile-Handy an und habe nach zwei Minuten einen freundlichen Herrn am Telefon:

> »Sie schreiben, die Kosten für Anrufe beim Reiseservice aus dem Mobilfunk können ggf. abweichen. Ich rufe von T-Mobile aus an und wollte fragen, was da die Minute kostet.«

»Das können wir Ihnen nicht sagen.«
»Warum? Teilen Sie denn nicht die Einnahmen mit den Mobilfunkanbietern?«
»Die bekommen 95 Prozent, wir nur 5 Prozent. Sie müssen bei Ihrem Mobilfunkanbieter fragen, was Anrufe bei 01805-Nummern kosten.«

Ich benutze also die kostenfreie Servicenummer 2202 und habe sofort den Kundenservice von T-Mobile dran.

»Ich habe den Reiseservice der Deutschen Bahn angerufen und wollte fragen, was es von T-Mobile aus kostet, den anzurufen.«
»Können Sie mir bitte Ihre Kunden- oder Vertragsnummer mitteilen?«
»Warum, gibt es keinen festen Tarif für den Reiseservice der Bahn?«
Die Mitarbeiterin mit dem Namen Claudia Trautmann schweigt einen Moment.
»Haben Sie einen Moment Zeit? Ich werde einen Kollegen fragen.«
Nach drei kurzen Minuten Wartezeit bedankt sie sich für meine Geduld.
»Der Anruf kostet ungefähr 50 Cent pro Minute«, meldet sie stolz.
»Wieso ungefähr?«
»Das können mal 49, aber auch mal 51 Cent sein. Mit Umsatzsteuer.«
»Und wie viel bekommt davon T-Mobile?«
»Das ist ein shared service mit der Deutschen Bahn. Das weiß nur die Deutsche Bahn.«

Mein Taschenrechner offenbart mir, dass der »ggf. abweichende« Tarif damit exakt 357 Prozent über dem veröffentlichten Festnetztarif liegt. Kann der Hinweis dann aber noch als korrekte Information über eine mögliche Abweichung angesehen werden? Oder fällt dieses Angebot nun unter § 263 StGB über Betrug? Oder nur unter § 138 des BGB über Wucher?

Seit 1999 gibt es einen weithin unbekannten Verband mit dem Namen Verband der Anbieter von Telekommunikations- und Mehrwertdiensten e.V. (VATM). Man muss diesem Verband einräumen, dass es eine enorme Leistung ist, in einem Rechtsstaat wie der Bundesrepublik Deutschland das Recht zu bekommen, systematisch die Kosten von Telefon- und Mehrwertdiensten zu verschweigen, ohne in Kollision mit dem Recht zu geraten. Wie entsteht so ein Erfolg? In dem Verband ist auch ein Unternehmen Mitglied, das den Namen eines ehemaligen Postministers trägt, nämlich die Dr. Schwarz-Schilling & Partner GmbH. Diese kann ihren Kunden stolz folgende Leistung anbieten: »Durch die Bekanntheit und das Ansehen von Dr. Schwarz-Schilling verfügen wir über ein weitreichendes Netzwerk von Beziehungen in Wirtschaft und Politik.« Das benötigt man zweifelsohne, wenn man das Recht erhalten möchte, in allen Medien auf die Preisangabe der eigenen Dienste verzichten zu dürfen. Ein weiterer Erfolgsgrund ist aber eher paradoxer Art: Weder die T-Com noch ihre Tochter T-Mobile sind selbst Mitglieder des Verbandes. Um das zu verstehen, müssen wir uns daran erinnern, wie einst die Privatisierung der Deutschen Telekom zur Zulassung anderer Anbieter führte. Eine Mitgliedschaft der T-Com in diesem Verband hätte leicht als Ausnützung ihrer marktbeherrschenden Stellung ausgelegt werden können. Allerdings ist T-Mobile einer der größten Nutznießer der Verbandstätigkeit.

Als ersten und damit auch attraktivsten Grund zum Eintritt in den VATM bietet dieser »kompetente Unterstützung und Vertretung, beispielsweise bei regulatorischen Fragen und Verbraucherschutz-Problemen« an. An einem Beispiel können wir verfolgen, wie kompetent die Unterstützung speziell gegen Verbraucherschutz ist. Die für die Regelung der Telekommunikation zuständige Bundesnetzagentur hatte im Jahre 2007 aufgrund zahlreicher Beschwerden über die Telefon-Mehrwertdienste eine Anhörung durchgeführt. Das mit eingeschaltete Verwaltungsgericht Köln, vor dem zahlreiche Klagen gegen Mehrwertdienste anhängig waren, kam daraufhin zu der Beurteilung, dass eine Weitervermittlung zu Mehrwertdiensten dann unzulässig ist, wenn unter einer Auskunftsnummer mehrheitlich Mehrwertdienste angeboten werden. Der Justiziar des VATM, Frederic Ufer, wandte dagegen ein, das Telekommunikationsgesetz würde keinerlei quantitative Einschränkung vornehmen. Auch habe die Regulierungsbehörde die Weitervermittlung zuvor jahrelang geduldet und (Zitat) »sogar aktiv gefördert«. Die vom Gericht bemängelte Werbung für eine Telefonnummer ohne Hinweis auf eine Auskunftsmöglichkeit läge nicht im Aufgabenbereich der Gerichte. Auch die Bundesnetzagentur dürfe laut § 66 des Telekommunikationsgesetzes (TKS) keine inhaltlichen Vorgaben für Werbung für Mehrwertdienste machen.

Das Ergebnis sehen wir täglich: den Hinweis, die Tarife im Mobilfunk könnten gegebenenfalls von den Festnetztarifen abweichen. Um 357 Prozent.

In seinem Jahresbericht 2009 musste der VATM sinkende Umsätze vermelden. Offensichtlich durchschauen immer mehr Kunden die Tricks. Trotzdem konnten 20,7 Millionen Minuten täglich an den Kunden gebracht werden. Während der Marktanteil der betrügerischen Trittbrettnummern, die mit 118 beginnen, von 28,7 Prozent auf 20 Prozent abnahm, konnten diese Verluste durch die Steigerung des Marktanteiles von 0180-Nummern von 12,9 Prozent auf 18,4 Prozent kompensiert werden. Für die Unternehmen spielt es so keine Rolle, welches Betrugssystem gerade am besten läuft. Wichtig ist immer nur, dass der Gesetzgeber nicht einschreitet – und die Deutsche Bahn nicht auf die Idee kommt, die Minutentarife der ohnehin nur vier deutschen Mobilfunkanbieter mit zu veröffentlichen.

Die VATM-Mitglieder sowie T-Mobile können sich aber im Grunde darauf verlassen, dass alle Vertriebspartner das gemeinsame Interesse am Betrug am Kunden teilen. Ein Mitglied des VATM, die Firma IN-telegance weiß nämlich, wie der richtige Weg zur 01805-Nummer geht: »Ihre neue 0180-SharedCost-Nummer erhalten Sie entweder direkt bei der Bundesnetzagentur oder aus dem Pool von IN-telegance. Sie können auch Ihre bestehende Ortsnetznummer ersetzen.« Die Bundesnetzagentur selbst also ist der Dealer für die Droge Mehrwertdienste. Anstatt eine Wettbewerbsaufsicht auszuüben, die die Verbraucher vor Betrug schützt, lässt sie immer mehr betrügerische Anbieter zu. Den Verbraucherschützern oder Parlamentariern erzählt die Netzagentur dann, die mit der Regulierung verbundenen Aufgaben seien derart speziell, dass sie (Zitat) »nicht mit den Mitteln des allgemeinen Wettbewerbsrechts zu lösen sind«.

Diese Vermutung aber könnte falsch sein: Ärzte haben viel zu wenig Zeit, um sich über alle Präparate in besonderen Wochenendevents zu informieren, und die Auswahl des verschriebenen Präparates hängt nicht nur davon ab, ob der Arzt selbst dieses als wirksam erkannt hat oder aufgrund eines Incentives sympathisch findet, sondern davon, ob er am Quartalsende noch ein Verschreibungsbudget für Kassenpatienten hat und ob die gesetzlichen Krankenkassen die verschriebene Arznei erstatten. Das Letztere liegt völlig außerhalb seines Einflussbereiches.

Wenn aber weder die Erkrankten noch die Ärzte die wirkliche Zielgruppe des Pharmamarketings sind, wer dann?

Ende des letzten Jahres machte eine gefährliche Krankheit von sich reden. Unter dem eingängigen Begriff Schweinegrippe wurde ein Virus namens A-H1N1 identifiziert. Die Weltgesundheitsorganisation WHO sprach daraufhin eine weltweite Warnung vor dem Virus aus. Doch welch' Wunder: Es gab bereits einen Impfstoff gegen diese Grippe, die sich – so die Berater – zu einer Pandemie, also zu einer Verbreitung der Infektion in der gesamten Bevölkerung ausweiten könne.

Die dramatische Warnung brachte auch die deutsche Bundesregierung und die Bundesländer dazu, den Impfstoff mit dem verkaufsfördernden Namen Pandemrix anzukaufen. Einige Monate nach der Auslieferung machte die WHO eine weitgehend unbeachtete Mitteilung: 2009 waren weltweit 12 200 Menschen an dieser Grippeform gestorben. Zum Vergleich: Nach Schätzung der Marburger Arbeitsgemeinschaft Influenza waren allein in Deutschland im Winter 2002/2003 20 000 Menschen an ganz normaler Grippe gestorben. Die meisten davon hatten ein Alter von über 60 Jahren.

Inzwischen ist die Schweinegrippe ausgefallen. Bis zum Ende 2009 mussten in Deutschland insgesamt 121 Todesfälle vermeldet werden, davon kein einziger in der 2-Millionen-Stadt Hamburg und drei Fälle in der 3,5-Millionen-Metropole Berlin, was nicht gerade auf eine Pandemie, ja nicht einmal auf eine Epidemie hindeutet.

Der Bund und die Bundesländer haben aber Impfstoff für 30 Prozent der deutschen Bevölkerung, also für etwa 25 Millionen Menschen geordert. Der Lieferant ist GlaxoSmithKline. Dieser wiederum ist eine Tochter der GlaxoSmithKline Holdings (America) Inc. mit folgender Briefkastenadresse: 1105 N Market St Ste 622, Wilmington, Delaware, 19801-1206.

Deren deutsche Tochter hat mit den deutschen Behörden einen ungewöhnlichen Vertrag geschlossen. So steht in der Präambel: »Nach aktuellem Kenntnisstand werden für die vollständige Immunisierung eines Menschen zwei Impfungen benötigt.« Das wären dann also 50 Millionen Dosen, die laut dem streng geheimen Vertrag mit 7 Euro zzgl. Mehrwertsteuer zu vergüten sind. Dieser Preis wurde inzwischen auf 9 Euro erhöht. Woher aber stammt dieser »aktuelle Kenntnisstand«? Das renommierte deutsche Robert Koch-Institut, das noch im Oktober 2009 selbst zwei Dosen für angemessen hielt, teilte im Dezember 2009 mit, dass nun in allen Altersgruppen (Zitat) »eine einmalige Dosis angemessen ist«.

Die Experten des Robert Koch-Institutes beraten die Bundesregierung insbesondere in Impffragen. Eine eigene Forschung zum Impfstoff Pandemrix hat das Institut nicht durchgeführt. Da trifft es sich gut, dass zwei Mitglieder der 16-köpfigen Ständigen Impfkommission (STIKO) des Robert Koch-Institutes auch für GlaxoSmithKline tätig sind: Auf der von dem Pharmahersteller betriebenen Website www.gesundes-kind.de treten Prof. Heinz-Joseph Schmitt und Prof. Fred Zepp als Experten für Kindergesundheit auf. Auch wird in dem Portal für die Impfkommission geworben. Im Impressum findet sich eine merkwürdige Danksagung:

> Dieser Webauftritt wäre ohne die wissenschaftliche Beratung der Kinderklinik der Johannes Gutenberg-Universität Mainz nicht möglich gewesen. Wir bedanken uns hierfür bei Prof. Dr. med. Fred Zepp
> Direktor der Universitätskinderklinik und Kinderpoliklinik
> Klinikum der Johannes Gutenberg-Universität Mainz
> Langenbeckstr. 1
> 55101 Mainz

Aussagekräftig ist im Impressum auch der Hinweis, die deutsche Filiale von GlaxoSmithKline sei im Falle dieser Website gar nicht selbst verantwortlich, sondern sie werde durch eine ganz andere Firma vertreten, nämlich die GlaxoSmithKline Verwaltungs GmbH mit Sitz in Luxemburg.

Allerdings hat das Ausbleiben der Pandemie Kritiker auf den Plan gerufen und Bundesregierung und Bundesländer versuchen nun verzweifelt, den Vertrag zu stornieren, um wenigstens nicht die noch ausstehenden Impfdosen kaufen zu müssen. Doch auch für diesen Fall hat GlaxoSmithKline einen Vertragspassus integriert: »Eine vorzeitige Stornierung der Aufträge vor Ende der akuten Pandemie-Gefahr ist nicht möglich.«

Über diese aber entscheiden nicht die befreundeten Kinderärzte aus Mainz, sondern die Experten der Weltgesundheitsorganisation WHO. Dort gilt seit Jahren ein Herr mit dem Spitznamen Dr. Flu als weltwichtigster Grippeexperte. Er war auch federführend bei der Ausrufung der Pandemiegefahr durch die WHO am 11. Juni 2009, denn er ist bis heute Mitglied der SAGE, der Strategic Advisory Group of Experts, die die Generaldirektorin der WHO, Dr. Margarete Chang, dazu brachten, die höchste Warnstufe »6« auszulösen. Es handelt sich um Dr. Albert Osterhaus von der Universität von Rotterdam. Osterhaus war bereits eine zentrale Figur bei der Ausrufung der inzwischen ebenfalls beerdigten Vogelgrippe im Jahre 2003. Osterhaus hat aber noch eine weitere, in der Öffentlichkeit bisher völlig unbekannte Funktion: Er ist Chairman und President of the Board einer privaten Vereinigung mit dem Namen European Scientific Working Group on Influenza (ESWI). Diese bezeichnet sich selbst als entscheidendes Bindeglied zwischen der WHO und dem Robert Koch-Institut. Sie veranstaltet Weiterbildungen für Vertreter des öffentlichen Gesundheitswesens an attraktiven Orten. Natürlich ist die Teilnahme ebenso kostenlos wie Unterkunft und Verpflegung. Der nächste Workshop findet im Januar 2010 in Brüssel im Fünfsternehotel Le Chatelain statt, das nur über 107 sündhaft teure Luxuszimmer verfügt und vermutlich nicht auf der Liste der Hotels für Abteilungsleiter von deutschen Gesundheitsministerien steht. Das Milliardengeschäft mit Impfstoffen ist gar nicht erst an ängstliche Patienten oder fürsorgliche Ärzte adressiert, sondern direkt an den Staat, der den Impfstoff kaufen und das Impfen durch die gesetzlichen Krankenkassen finanzieren lassen soll. Denn eines wissen die Holdinginhaber der GlaxoSmithKline in Delaware und Luxemburg: Wenn sie die nur 9 Euro teure Impfung erst kostspielig bewerben müssten, würde sie keinen Gewinn bringen. Die ESWI weist als Sponsoren ihrer Lobbytätigkeit zehn Pharmaunternehmen aus, unter ihnen ausgerechnet alle fünf Anbieter des Impfstoffes für die Schweinegrippe, neben GlaxoSmithKline auch der Tamiflu-Vertreiber Hoffmann-La Roche, Baxter Vaccines, MedImmune und Sanofi Pasteur.

JP Morgan schätzte die Gewinne, die aus dem erfolgreichen Direktvertrieb des Impfstoffes resultieren, auf 7,5 bis 14 Milliarden Euro. Nach dem vorzeitigen Ende der Pandemie dürften sie wohl nur noch im unteren Bereich der Schätzung liegen. Um einen derartigen Gewinn zu erwirtschaften, müsste etwa ein Technologieanbieter der Realwirtschaft wie die deutsche Siemens AG mindestens vier Jahre als Weltmarktführer um Aufträge in Asien und sonstwo kämpfen und hoffen, dass diese oft langfristigen Projekte ohne größere Pannen abgenommen und bezahlt werden. Die Pharmaunternehmen konnten dieses Geschäft in nur 5 Monaten einleiten und abwickeln.

Was keiner der deutschen Staatskunden bei der Bestellung von 50 Millionen Impfdosen wusste: Bereits Anfang 2009 hatte die zweite Kammer des niederländischen Parlaments eine Untersuchung gegen Dr. Osterhaus wegen Verdacht eines Interessenkonfliktes und finanzieller Unregelmäßigkeiten eingeleitet. Dabei fanden die Niederländer auch heraus, dass Osterhaus gar kein Humanmediziner, sondern Tierarzt ist, weshalb die flugs herbeigezauberten Impfstoffe auch nie am Menschen getestet worden waren. Osterhaus hatte unseren gesundheitsbewussten Nachbarn gleich 39 Millionen Dosen angedient. Die ESWI ist deshalb aus den Niederlanden verschwunden und gibt seit neuestem folgende Kontaktadresse an: c/o Link Inc., Communication Consultants, Tolstrat 9, 2000 Antwerp, Belgium. Diese PR-Agentur gibt auf ihrer eigenen Website an, die ESWI sei »ein Zusammenschluss der Organisationen Institut Pasteur, Weltgesundheitsorganisation, Universität Rotterdam, Universität Türku ...« Falls das stimmen sollte – was wir zugunsten aller vier Organisationen nicht annehmen möchten – wird die Schweinegrippe als einer der größten Korruptionsfälle der Geschichte in die Annalen eingehen.

Wir können an diesem Beispiel zeigen, dass der Vertrieb von verschreibungspflichtigen Medikamenten zumindest in Staaten wie Deutschland, Holland oder Frankreich nur eine einzige Zielgruppe hat, nämlich die Beamten der Regierungen, die die Medikamente im Idealfall gleich selbst kaufen, zumindest aber auf die Liste der Medikamente setzen, die die gesetzlichen Krankenkassen bezahlen, was im Ergebnis das Gleiche ist.

Wir könnten an dieser Stelle bereits bekannte Beispiele aus den Diagnosen »hoher Cholesterinspiegel« und »Diabetes« mit ähnlichen Geschichten illustrieren, was aber den Rahmen dieses Buches sprengen würde.

Am Ende bleibt uns nur ein Schmunzeln darüber, dass ein US-Großkonzern, der sein Headquarter in das Steuerparadies Delaware verlegt hat und sicher als ein Hauptverteidiger der market economy gilt, seinen Impfstoff möglichst nur ohne Handel direkt an das verstaatlichte Gesundheitswesen verkauft. Wenn wir ab jetzt Pharmawerbung sehen, sollten wir uns also darüber freuen: Hier werden vielleicht unwirksame Produkte oder halbwirksame Placebos verkauft, aber sie werden nicht mit durch Schulden finanzierten Steuermitteln erworben – und auch nicht gleich in der Menge von 50 Millionen Stück.

I.8 Warum Mineralwasser in Deutschland 425 Prozent teurer als in der Schweiz ist

In den Wirtschaftswissenschaften hält sich hartnäckig die Vorstellung, Preise würden durch Angebot und Nachfrage bestimmt, die zusammen einen Markt bilden. Das Ganze nenne sich darum Marktwirtschaft. Ein Mutterland der Marktwirtschaft ist die Schweiz. Beobachten wir dort einmal den Markt für Mineralwasser an Tankstellen.

Bei Swiss Alpina handelt es sich um eine Schweizer Marke. Diese konkurriert im Regal mit großen Namen wie Evian und Vittel. Für die Verkaufssituation Tankstelle gilt bisher folgendes Lehrwissen über die Preisdifferenzierung:

1) Die Dringlichkeit eines Bedarfs übt einen deutlichen Einfluss auf den Preis aus.

2) Wer in Eile ist oder ein Problem hat, sieht in erster Linie die Lösung, nicht den Preis.

Bevor wir unsere empirische Untersuchung beginnen, möchten wir doch die Hypothese äußern, dass aufgrund des hohen Preisniveaus in der Schweiz und wegen der Ausnutzung der Bedarfsdringlichkeit das Wasser nicht gerade billig sein wird. Auch die Kaufkraft Schweizer Autofahrer spricht dafür, dass das Wassertanken an der Tankstelle nicht unbedingt der günstigste Weg zum kühlen Nass sein könnte. Werden wir Recht bekommen?

Merkwürdigerweise nicht. Ein halber Liter Mineralwasser aus dem Kühlregal kostet an der Tankstelle in Kleinhüningen in Basel inklusive Pfand 60 Rappen, das sind zur Zeit 40 Eurocent. Man kann dort aber auch teureres Vittel oder Evian erwerben, wenn man von deren Mehrwert überzeugt ist.

Formulieren wir es so: Die Eidgenossen überlassen es dem Markt, welches Mineralwasser zu welchem Preis erhältlich ist.

Nun wechseln wir ins benachbarte Deutschland an die Shell-Tankstelle Bühl. Ein wirklicher Massenmarkt, auf dem Verbrauchertäuschung eine fast religiöse Pflicht des Handels darstellt. So wird das teure San Pellegrino als Santa Emilia raubkopiert in die Regale gestellt. Mit einem Preis von 1,70 Euro inklusive 25 Cent Pfand ist es das günstigste Produkt – und damit nur bescheidene 425 Prozent teurer als das Schweizer Mineralwasser.

Wie in der Schweiz differenziert es sich gegen ein 2,20 Euro teures Evian als billiges No-Name/White-Label-Produkt. Es wird möglicherweise gar nicht einfach sein, eine marktwirtschaftliche Erklärung für diese extreme Abweichung zu geben. Wir werden aber eben das versuchen, um zu verstehen, wie Preisbildung in der Marktwirtschaft stattfindet.

Es könnte zum Beispiel sein, dass das Schweizer Angebot ein Dumpingangebot ist, um in den Markt zu kommen. Das Mineralwasser ist eine Eigenmarke der Coop, der auch die Tankstelle gehört. Lebt der Schweizer Coop-Konzern, dessen Aktie sich in den letzten 12 Monaten der Weltfinanzkrise zwischen desaströsen 61 und 72 CHF bewegte, in einer marktfernen Traumwelt? Oder bezuschusst der kommunistische Berner Zentralstaat das Grundnahrungsmittel Wasser, um sein unzufriedenes Bergbauernvolk an der Revolution zu hindern? Das wäre ein klassischer Fall von Marktverzerrung!

In der Bundesrepublik Deutschland werden solche Marktverzerrungen durch mehrere staatliche Eingriffe klug vermieden:

1) Durch eine Zwangsabgabe von 25 Cent auf jede Flasche wird ein Billigpreis von 40 Cent sinnvoll verhindert.

2) Mineralwasser gilt nicht als Lebensmittel und wird daher mit 19 Prozent Umsatzsteuer besteuert.

3) Die bundeseigene Tank und Rast GmbH sorgt dafür, dass nur wenige Marken ihre überteuerten Produkte an den 721 Tankstellen anbieten dürfen, so Barilla, Burger King, Mc Donald's, Nordsee, Segafredo, Lavazza, Dallmayr und Jacobs. Dadurch wird verhindert, dass günstige Eigenmarken den Markt verzerren.

4) Die Pächter werden mit überhöhter Pacht und der Verpflichtung, teure Produkte der Monopolanbieter einzukaufen, dazu gezwungen, teure Preise zu nehmen und die anfangs erwähnte Notsituation der Kunden maximal auszunützen.

5) Die angestellten Mitarbeiter der Tankstellen müssen 50 Prozent ihres Lohnes an Steuern und Sozialabgaben an den deutschen Konzernstaat abführen. Obwohl die Löhne niedriger als in der Schweiz sind, muss der Arbeitgeber – der Pächter – noch einmal mindestens 20 Prozent Arbeitgeberanteil dazugeben und hat mindestens 10 Prozent zusätzliche Kosten für die komplizierte Verwaltung und Abführung der Beiträge.

Es sind also nicht Raffgier und Bosheit, die das Mineralwasser an deutschen Tankstellen um mindestens 425 Prozent teurer machen, sondern es ist die nackte Not der Leibeigenen im Feudalstaat. Den kleinen Leuten verbleiben nach Abzug der 19 Prozent Umsatzsteuer maximal 30 Prozent ihres Lohnes im Geldbeutel und auch die Pächter dürften angesichts der Steuer- und Einkaufssituation wenig Freude haben. Die Segnungen der bundesdeutschen »sozialen« Marktwirtschaft können nur jene genießen, die durch gesetzliche Ausnahmen von der Zahlung von Steuern und/oder Sozialabgaben fast völlig befreit sind und die selbst dem angeblich vorhandenen Markt nicht ausgesetzt sind. Nennen wir sie doch Marktfreie. Für sie ist es deshalb auch kein Problem, 2 Euro für einen halben Liter Mineralwasser zu bezahlen.

I.9 Die Mogelpackung am Beispiel der Windel

In einem Internetportal namens Mamiweb fragt eine Besucherin in die Runde, wo es gerade die beliebten Pampers-Windeln im Angebot gäbe. Gleich vier Besucher antworten: Bei Real gäbe es die große Jumbo-Packung, bei Rossmann die Doppelpackung, bei Edeka den Dreierpack, bei Rewe eine Großpackung. Alles verstanden? Im Prinzip sollte ja bei den nicht verderblichen Windeln das Mengenprinzip gelten, dass also Großpackungen billiger als Kleinmengen sind. Windeln haben aber eine Eigenschaft, die ungewöhnliche Preis- und Mengenkombinationen zulässt, sie sind nämlich nur begrenzt transportier- und noch begrenzter im Privathaushalt lagerbar. Anders gesagt: Man muss sie alle paar Tage neu kaufen. Der Produzent des Marktführers Pampers (ca. 40 Prozent Marktanteil in Deutschland), ist die Procter & Gamble Inc., die u. a. zusammen mit 18 000 weiteren Unternehmen einen Geschäftssitz im Ugland House in der South Church Street, Georgetown auf den Cayman Islands hat. Obwohl Windeln das absolute Hauptprodukt von Procter & Gamble sind, finden sich auf der deutschen Website nicht die geringsten Hinweise auf die Verpackung, die Mengen oder gar die Preise zum Erwerb dieses Bedarfsgutes. Aus gutem Grund: Während sich die Produktbezeichnungen relativ lange halten, ändern sich die Packungsmengen und Preise fast täglich. Versuchen wir doch einmal, die Windelpreise zu verstehen. Ein gebräuchliches Produkt ist die Größe 4, Pampers Active Fit 7–18 kg. 34 Stück kosten bei Rossmann 8,95 Euro, der Jumbo-Pack mit 68 Stück 17,79 Euro. Möchte man die etwas verstärkten Active Fit Maxi Plus, erhält man nur 33 Stück zu 8,95 Euro. Warum aber nicht gleich Pampers Dry Maxi kaufen, von denen 88 Stück bei Rossmann zu 17,79 Euro wohlfeil sind?

Die Probleme beginnen, wenn wir nicht nur bei einem Anbieter suchen. Sehr schnell stoßen wir auf 64 Stück zu 32,30 Euro und dann bei Schlecker auf 58 Stück zu 14,99 Euro. Bei Real hat jemand vor Weihnachten eine Mega-Packung Pampers zu 22,95 Euro ausfindig gemacht. Man kann die Active Fit, Größe 4, 7–18 kg übrigens auch zu 62 und 102 Stück (derzeit nicht lieferbar) kaufen – bei Amazon. Das kostet dann 34,95 Euro.

Bei eBay gibt es eine ganz neue Menge, nämlich 48 Stück zu 25,50 Euro. Für ausgewiesene und hartnäckige Fans schließlich empfiehlt Geizkragen.de 31 Stück zu 15,64 Euro im Angebot – oder lieber 42 Stück bei Wick Pharma, ebenfalls zu 15,64 Euro? Zu guter Letzt kann man auch noch 66 Stück zu 29,32 Euro mitnehmen – brechen wir an dieser Stelle unsere Untersuchung ab.

Wir haben gesehen, dass es Pampers Active Fit in Größe 4 in folgenden Mengen zu kaufen gibt:

31, 33, 34, 42, 48, 58, 62, 64, 66, 68, 88 und 102 Stück. 80 Stück gibt es übrigens nur in Größe 3.

Wir dürfen nun erste Vermutungen darüber anstellen, aus welchem Grunde diese doch sehr aufwendigen Größen produziert werden. Die erste Vermutung ist: Die Eltern möchten in einer freien Marktwirtschaft selbst entscheiden, wie viele Windeln sie ihrem Sprössling kaufen möchten. 31? 33? 34? Schließlich leben wir nicht in einer sozialistischen Planwirtschaft.

Pampers ermöglicht den Eltern die Windelfreiheit! Aber wir sollten uns getäuscht haben. Diese kuriosen Mengen werden nicht für abergläubische Eltern produziert, sondern haben mit den Vermarktungskonzepten des Handels zu tun. Der Marketingdirektor von Procter & Gamble (»Pampers«), den ich bei den Marketingbesprechungen eines Drogeriemarktes kennengelernt habe, hat mir einmal verraten, warum Pampers derart diversifiziert arbeitet: In den Läden, wo sie unter dem Druck stehen, öfters verlustreiche 7,77- (Edeka) oder 14,99-Aktionen (Schlecker) zu machen, produzieren sie eigene Tranchen mit geringeren Stückzahlen in der Packung. Um gleichzeitig in anderen Ketten mit Gewinn zu verkaufen, werden dort parallel für höhere Preise höhere Stückzahlen angeboten, die faktisch um 20 Prozent teurer sind. Oder es werden anderswo niedrigere Preise mit kleineren Stückzahlen angeboten. Auch ein anderer Trick wird gerne angewandt: die häufigste Windelgröße, nämlich 9–20kg, nur zum Normalpreis anzubieten und seltenere Sondergrößen als Schnäppchen danebenzustellen, die gar nicht verkauft werden sollen, sondern nur den Kunden in den Markt locken. Das Ziel dieser ständig wechselnden Verpackungsgrößen und Aktionen ist es, die Windelkundin derart zu verwirren, dass sie ständig das Gefühl hat, Pampers günstigst einzukaufen. Die Pampers-Packungs-Politik wirkt wie die Pille. Sie gaukelt eine ständige Schwangerschaft mit Sonderangeboten vor, während faktisch die Preise sogar erhöht werden. Da niemand mehr weiß, was Pampers wann und wo kosten, geht diese Mengen- und Preisverschleierungspolitik dann auf, wenn es mit Ausnahme von Aldi überall Pampers gibt. Der Kunde wird auch dann zu Pampers greifen, wenn diese gerade nicht im Angebot sind, weil der Aufwand, die zeitlich kurz befristeten Promotions aufzuspüren, zu hoch ist.

Wie man älteren Forumsbeiträgen entnehmen kann, konnte man im Jahre 2004 als günstigstes Angebot 62 Pampers zu 11,99 Euro erwerben. Selbst das derzeit scheinbar billigste Angebot bei Schlecker, nämlich 58 Stück zu 14,95 Euro, wäre damit 35 Prozent teurer, eine Preissteigerung von 7 Prozent pro Jahr.

Dem Einfallsreichtum bei der straffreien Planung von Betrug nach § 263 StGB und Wucher nach § 138 BGB sind prinzipiell keine Grenzen gesetzt. Wenn Produkte zudem – wie etwa Babywindeln – pro Packung zwischen 7,77 Euro und 34,90 je Packung kosten, ist das Prozessrisiko gleich null. Wer wird schon einen Prozess anstrengen, weil er fünf Euro mehr für seine Windeln bezahlt hat? Und wird er die gebrauchten Windeln wirklich als Beweismittel aufheben?

setzter ICE sicherer vor einem Attentat sein soll als ein Flugzeug mit 200 Passagieren ist im Lichte der Terroristenabwehr nicht erklärbar. Warum also wird nicht auch auf Bahnhöfen kontrolliert?

Möglicherweise möchte der deutsche Staat eine gewisse Grundmobilität seiner Bürger erhalten. Schließlich verdient er ja bei einer Abgabenquote von 70 Prozent des Bruttolohnes bei Kleinverdienern nur daran, dass diese trotzdem noch irgendwie zur Arbeit gelangen.

Addieren wir nun die Kosten, die die doch meist verlustreichen Airlines an die Fluggäste weiterreichen, also die 700 Milliarden Dollar nach der IATA-Schätzung, zu den Kosten der Flughäfen und ihrer Mitarbeiter, zu den Kosten für Air-Sheriffs und Polizeimitarbeiter weltweit, so ist der Betrag von 2 Billionen Dollar nicht unrealistisch. Allein die U.S Homeland Security hat ja seit 2001 bereits 300 Milliarden Dollar verschlungen. In seiner Rede vor dem Pentagon am 10. September 2001 kündigte Donald Rumsfeld bereits an: »All das kostet Geld. Es kostet mehr Geld, als wir haben.« Anmerkung am Rande: Die Kommission, die angeblich 9/11 aufklären sollte, erhielt ein Gesamtbudget von 3 Millionen Dollar.

Weil möglicherweise drei Flugzeuge mit einem Wert von je 100 Millionen Dollar entführt und gesprengt wurden, entstehen nun Jahreskosten von etwa 200 Milliarden Dollar – eine merkwürdige Versicherungsleistung, selbst wenn man die 5 Milliarden Dollar für die Twin Towers addiert.

Darf man politischen Terrorismus auch ökonomisch betrachten? Dann wäre es sicher sinnvoller, enttäuschten jungen Männern aus Palästina, Libanon, Jemen und Afghanistan 3er BMWs zu kaufen und ihnen Sicherheitsjobs für 10 000 Dollar im Jahr anzubieten, anstatt alte Frauen in der Sicherheitsschleuse zu filzen und alle Bürger der Welt zu zwingen, je 50 Euro für ihren Fingerabdruck im Ausweis zu bezahlen.

Eines ist jedenfalls sicher: Die Kontrollen an den Flughäfen nützen allenfalls als Beschäftigungsmaßnahme für niedrig qualifizierte Abtaster und als Verkaufsprogramm für Sicherheitsschleusen und Gepäckscanner. Mit der Abwehr von politisch motiviertem Terror haben sie nichts zu tun.

I.11 Jeder zweite Vertrag ist manipuliert – die Autoleasing-Blase

Der elegante junge Mann fasste nach einer halben Stunde Vertrauen und bat mich, weder seinen Namen, noch den Ort noch die Automarke zu erwähnen. Er ist der Juniorchef und Erbe eines jener Autohäuser, die die hohen Vertriebsziele der Hersteller erreicht haben und über 2000 Neuwagen pro Jahr verkaufen. Es darf hinzugefügt werden: im oberen, manchmal im obersten Preisbereich. Diese Fahrzeuge werden zu 80 Prozent nicht von Privatpersonen erworben, sondern von Menschen, die diese unter allen Umständen als vom deutschen Staat geförderte Firmenwagen erwerben möchten und müssen. Nur wenige von ihnen kaufen die Fahrzeuge in bar. Zur Errechnung der Leasingraten gibt es vom Hersteller fertige Programme, in denen alle Ausstattungsvarianten mit berücksichtigt werden. Die Werbung des Herstellers für den Gesamtpreis wie die Erwähnung von Beispielraten bezieht sich immer nur auf das Grundmodell. Wenn dann der deutsche Mann entdeckt, dass Klimaanlage, Navi, CD-Player und Sitzheizung, Abstandswarner, Winterreifen und Ledersitze fehlen, verteuert sich das Produkt erheblich. Im Durchschnitt um 30 Prozent. Damit sind natürlich die Leasingraten Makulatur, wegen derer der Kunde in das Autohaus kam. Der Kunde, so die Erfahrung des Händlers, bricht an der Stelle den Kauf ab, wo die erwartete Monatsrate nicht 259 Euro, sondern 459 Euro beträgt. Das ist statistisch erwiesen und wurde in Protokollen seit Jahren dem Autohersteller übermittelt. Dieser hat sich fortlaufend Gedanken um die Optimierung des Verkaufsprozesses gemacht und diese in das Programm eingearbeitet. Kenner mögen bei dieser Formulierung bereits wissend lächeln, aber wir sind noch nicht fertig.

Eine Verringerung der Ausstattung bedeutet für einen deutschen Mann einen erheblichen Gesichtsverlust gegenüber dem Verkäufer, seiner Familie, Freunden und Kollegen. Er kann, falls ihm die von ihm selbst gewählte Sonderausstattung nicht finanzierbar erscheint, nur noch unter irgendeinem Vorwand das Autohaus verlassen und sich verkriechen. Er wird dieses Autohaus auch dann nicht wieder aufsuchen, wenn er sich das Traumfahrzeug leisten kann, denn es ist ihm als Schauplatz der Schande und Demütigung zum traumatischen Ort geworden.

Der Juniorchef berichtet mir, wie er den Kunden zum Abschluss bringt: Nachdem das ausgewählte Fahrzeug im Schnitt um 30 Prozent teurer ausfiel als die veröffentlichte Richtpreisinformation, fragt der Kunde ob »man da noch was machen könne«. Bei den exorbitanten Listenpreisen ist dies aber bereits mit berücksichtigt, im Falle seines Autohauses mit 10 Prozent. Das heißt: Er kann ohnehin um 10 Prozent mit dem Preis heruntergehen, ohne dabei auch nur einen Cent zu verlieren. Der deutsche Mann wiederum kann aus sozialpsychologischen Gründen kein Auto kaufen, das er nicht mindestens um 10 Prozent günstiger bekommen hat.

Nachdem der Juniorchef nun die 10 Prozent Nachlass gegeben hat, ist der Käufer in eine für ihn sehr missliche Position geraten: In der Freude über die gesparten 10 Prozent, in diesem Fall immerhin 4000 Euro, hat er vergessen, dass das Ganze immer noch 20 Prozent über seinen Möglichkeiten liegt. Er kann nun aber keine 20 oder 30 Prozent Rabatt fordern, zumindest nicht bei diesem renommierten Premiumhersteller aus dem Heimatland des Automobils. Da greift nun das Computerprogramm des Herstellers ein: Anstatt die fehlenden 20 Prozent auf die Anzahlung aufzuschlagen oder die Rate zu verteuern, verhält es sich psychologisch: »Wie hoch ist denn die Rate, die der Kunde bezahlen kann oder will?«, fragt das Programm den Autoverkäufer, der diese Frage an den Kunden weiterreicht. Der nennt natürlich die alte Rate aus der Werbung, in der Hoffnung, Autohaus und Hersteller mögen doch die Sonderausstattung zum Grundpreis dazulegen. Daraufhin sagt der Juniorchef: »Prima, das geht.« Die Verhandlung scheint zu gelingen. »Ich bereite jetzt mal den Vertrag vor. Möchten Sie einen Kaffee?« Das Wohlbefinden des Käufers hat sich schlagartig verbessert. Auf einmal kommt in ihm das unbeschreibliche Gefühl auf, uneingeschränkt zu den Siegern und Leistungsträgern seines Landes zu zählen, die einen solchen Wagen in die Pendlerstaus zwischen A9 und A4 täglich einfädeln dürfen. Leder bordeaux, 140 Watt, Lochfelgen, S-Line werden ihn unverwechselbar machen, wenn er in der Vorstadt vor dem Reihenhaus parkt. Der Vertrag rattert aus dem Tischkopierer. Der Mann überfliegt ihn. Der Preis stimmt. Die Rate stimmt auch. Die Anzahlung ist korrekt. Als Jahreskilometer stehen 10 000 im Vertrag. »Er liest das, blickt kurz auf und unterschreibt dann«, berichtet mein Juniorchef. »Absurd. Es gibt keinen Mann, der mit so einem Ding nur 800 Kilometer im Monat fährt. Der müsste ja sozusagen arbeitslos sein und dürfte keine Freunde, Freundin und Familie haben. Oder er müsste sechs Monate im Jahr krank sein.« 25 000, so der Juniorchef, sind das Mindeste. Viele fahren aber auch 40 000, 50 000 Kilometer pro Jahr aus Freude am Fahren (BMW-Slogan). »Was passiert denn, wenn er nun 25 000 fährt?«, frage ich meinen Gewährsmann. »Entweder haben wir den Restwert dann zu hoch angesetzt. Das erstattet uns aber der Hersteller. Es ist aber eine Zeitbombe. Oder wir lassen ihn draufzahlen. Bei einem 4-Jahres-Vertrag können das leicht 8 000 Euro für 60 000 Mehrkilometer sein.«

In Deutschland wurden 2009 nach Angaben des Verbandes der Automobilindustrie 3,8 Millionen Autos verkauft. Ein Großteil wurde finanziert und geleast.

In wie vielen der Verträge stehen unrichtige Kilometerleistungen und Restwerte?

Wir werden es nie erfahren. Aber wenn bei einem durchschnittlichen Kaufpreis von 20 000 Euro je Auto die Hälfte aller Verträge aus Marketinggründen fehlbewertet würde, dann würde bereits eine Abweichung der Monatsrate um 200 Euro einen monatlichen Schaden von 380 Millionen Euro ergeben. 4,56 Milliarden Euro im Jahr! Zusammen mit dem Schaden aus den überflüssigen Restschuldversicherungen und aus überhöhten Versicherungsprämien durch künstlich erhöhte Reparatur- und Mietwagenkosten könnte der jährliche Schaden durch asymmetrische Information in der Automobilbranche leicht 10 Milliarden Euro betragen – immerhin 12,5 Prozent des Gesamtumsatzes von geschätzten 80 Milliarden Euro im Jahre 2009. Das klingt gar nicht so dramatisch, aber wenn man die niedrigen Umsatzrenditen der Autohersteller kennt, würde ohne diese betrügerischen Mehreinnahmen fast der gesamte Jahresgewinn aller börsennotierten Automobilunternehmen ausfallen.

Eine Analogie: Auch ein cleverer Steuerhinterzieher hinterzieht allenfalls 10 Prozent seiner Jahreseinnahme. Aber ohne diese 10 Prozent würde sein privates Budget gleich um 70 Prozent niedriger sein, weil er nur von diesen 10 Prozent sicher sein kann, dass sie nicht vom Finanzamt, von Banken, der Sozialversicherung und Ex-Frauen gepfändet werden. Voranschläge von Handwerkern und Werkstätten dürfen ebenfalls um 10 Prozent abweichen. Wenn einer nun konsequent immer die 10 Prozent ausnützt, hat er damit zumindest vorübergehend nicht nur Mehreinnahmen, sondern vermutlich sogar einen Gewinn in dieser Höhe, weil ihm durch die Überschreitung nicht Mehrkosten in gleicher Höhe entstehen.

Wir müssen allerdings im Falle des Kultobjektes Automobil einräumen, dass die Manipulation der Kilometerzahlen und des Restwertes in weitgehender, wenn man so will, augenzwinkernder Übereinstimmung zwischen Kunden und Autohaus sowie der finanzierenden Bank geschieht. Das bedeutet aber nur, dass Betrug eben längst zu den guten Sitten gehört und zu einem alltäglichen Vorgang geworden ist. Deshalb kann man auch immer seltener von sittenwidrigen Verträgen sprechen, denn Sitten unterliegen selbstverständlich einem sozialen Wandel. Allerdings ist die Schutzbedürftigkeit eines Menschen, der sich einen schicken Neuwagen für 40 000 Euro leistet, auch begrenzt. Die Aufsichtspflicht des Staates wird deshalb beim Automobilkauf wie auch wie bei Kapitalmarktprodukten und Immobilien in keiner Weise ausgeübt. Wenn nicht die Kleinverdiener und Arbeitslosen, die den Schutz verdienen, ebenso durch Wucherzinsen und Mahngebühren, durch die verspätete Zahlung von ALG und Nichtanrechnung von Schuldverpflichtungen geschädigt würden, könnten wir die Betrügereien beim Autoverkauf durchaus als Malus der Konsumgesellschaft akzeptieren.

So aber müssen wir einräumen, dass selbst der Vertrieb von sehr realen und zweifellos hochwertigen Produkten durch hochanständige, vom Hersteller autorisierte Händler bei etwa der Hälfte aller Verkaufsabschlüsse nur durch eine betrügerische Manipulation zu gelingen scheint. In den Kredit- und Leasingverträgen hat sich dadurch eine gigantische Kilometerblase aufgebaut, die letztlich nur noch durch einen einzigen finalen Akt am Platzen gehindert würde: durch die Existenz eines Dauerstaus zwischen Garmisch und Flensburg, der automatisch dafür sorgen würde, dass es bei den vereinbarten 10 000 Kilometern pro Jahr bleibt.

I.12 Warum das AGB-Gesetz abgeschafft wurde

Wir haben bereits gesehen, wie unwirksam die einschlägigen Paragrafen des Strafgesetzbuches und des Bürgerlichen Gesetzbuches im Hinblick auf den Schutz vor Betrug sind. Dies ist aber keine Neuigkeit und war nicht nur Verbraucherschützern, sondern auch dem Gesetzgeber bekannt. Im Jahre 1977 verabschiedete deshalb der Deutsche Bundestag das Gesetz über die Allgemeinen Geschäftsbedingungen, auch AGB-Gesetz genannt. In diesem Gesetz gab es zahlreiche Bestimmungen, die die Allgemeinen Geschäftsbedingungen unwirksam machen konnten, auf die sich also ein getäuschter Geschäftspartner hätte rechtlich berufen dürfen. Einige dieser Bestimmungen aus § 10 des AGBG enthielten äußerst interessante Punkte. So gilt als unwirksam:

> (Fingierte Erklärungen)
>
> 5) eine Bestimmung, wonach eine Erklärung des Vertragspartners des Verwenders bei Vornahme oder Unterlassung einer bestimmten Handlung als von ihm abgegeben oder nicht abgegeben gilt, es sei denn, dass dem Vertragspartner eine angemessene Frist zur Abgabe einer ausdrücklichen Erklärung eingeräumt ist und der Verwender sich verpflichtet, den Vertragspartner bei Beginn der Frist auf die vorgesehene Bedeutung seines Verhaltens besonders hinzuweisen.
>
> 6) eine Bestimmung, die vorsieht, dass eine Erklärung des Verwenders von besonderer Bedeutung dem anderen Vertragsteil als zugegangen gilt.

Dies klingt sehr intransparent und fachjuristisch, aber ich kann es an einem einfachen Beispiel erläutern. Ich habe für mein Mobiltelefon bei T-Mobile wegen eines Auslandsaufenthaltes einen speziellen Roamingtarif telefonisch vereinbart. Daraufhin hat T-Mobile mich in einen Spezialtarif umgesetzt, in dem ich fortan für jedes Gespräch von meinem T-Mobile-Handy in Deutschland in das deutsche Festnetz der T-Mobile-Mutter T-Com 30 Cent je Minute bezahlen musste. Natürlich bekam ich sofort eine Rechnung über 300 Euro. Nach dem alten Gesetz wäre das unwirksam gewesen, da mich T-Mobile nicht darüber aufgeklärt hat, dass sich mit dem neuen Tarif auch der Normaltarif völlig verändert. Auch alle Verträge, die sich automatisch verlängern, weil sie mehrere Monate vorher schriftlich hätten gekündigt werden müssen, gelten weiter, denn der Anbieter hat nicht die Pflicht, eine weitere, ausdrückliche Erklärung für die Verlängerung beim Kunden einzuholen. Wenn er nicht kündigt, gilt dies als Erklärung dahingehend, dass er ein weiteres Jahr verlängern möchte – eine legale Versklavung des Kunden in für ihn unvorteilhafte Verträge. Längst ist es üblich geworden, 24-Monats-Verträge für Telefondienste anzubieten. Wenn jemand diese dann nicht mehr benötigt, weil er umzieht, länger im Ausland ist oder mit jemandem zusammenzieht, der diesen Dienst schon hat, muss er die Monatsgebühren weiterbezahlen. Doch auch diesem Fall hat das AGB-Gesetz von 1977 vorgebeugt: In § 10 Abs. 7 werden nämlich die AGB durch folgende Bestimmung ungültig:

> Eine Bestimmung, nach der der Verwender für den Fall, dass eine Vertragspartei vom Vertrag zurücktritt oder den Vertrag kündigt
>
> a) eine unangemessen hohe Vergütung für die Nutzung oder den Gebrauch einer Sache oder eines Rechts oder für erbrachte Leistungen oder
>
> b) einen unangemessen hohen Ersatz von Aufwendungen verlangen kann.

Dieses schöne Gesetz von 1977 hat nur einen einzigen, leider schwerwiegenden Nachteil: Es wurde im Jahre 2001 mit der Einsetzung der Grünen Renate Künast als Ministerin für Verbraucherschutz abgeschafft.

Im Grunde war es ein Gesetz gegen sittenwidrige Verträge, deren Widerruf möglich sein sollte. Es erschwerte es, mit allen Tricks im Kleingedruckten aus einer einmal erteilten Zustimmung beliebige weitere Pflichten abzuleiten, im Juristendeutsch Willenserklärungen des Kunden, die nicht ausdrücklich neu erfolgen müssen. So konnte zum Beispiel nicht ohne weiteres aus der Zustimmung zu den AGB abgeleitet werden, dass sich der Vertrag automatisch jeweils um ein Jahr verlängert. Der Anbieter hätte jedes Mal beim Kunden anfragen müssen, ob dieser dies auch ausdrücklich wünscht. Den Herren Schröder, Schily und Fischer und Frau Künast erschien dies als Zumutung. Gerade spülte die Privatisierung der Deutschen Telekom Milliarden in die Staatshaushalte und durch Versteigerung der UMTS-Lizenzen zog man ausländische Großanbieter auf den deutschen Markt. Da wollte man ihnen entgegenkommen. Wenn die Verbraucher ihre Versicherungs-, Kredit- und Telefonverträge jederzeit kündigen könnten, würde dies einen für die damaligen rot-grünen Granden ganz unerwünschten Wettbewerb unter den Anbietern auslösen.

Erwähnt man heute diese Abschaffung, so halten einem Verbraucherschützer und Politiker entgegen, dass der hier zitierte § 10 des AGB-Gesetzes ja in das Bürgerliche Gesetzbuch BGB übernommen wurde. In der Tat: Im § 308 des BGB befinden sich genau diese Passagen. Aber, wie es mit der erfolgreichen Betrügerei durch asymmetrische Information so ist: Es gibt einen sehr wesentlichen Unterschied eines AGB-Gesetzes zu einem kleinen Passus im BGB. Im dritten Abschnitt des AGB-Gesetzes war unter dem Titel »Sicherung der Anwendung von Verbraucherschutzvorschriften« in § 22 festgelegt, dass Verstöße gegen dieses Gesetz nicht nur von den Geschädigten in einem Zivilverfahren geltend gemacht werden könnten, sondern ein Unterlassungsanspruch gegen die betrügerischen Anbieter auch von »qualifizierten Einrichtungen«, etwa Forschungs- und Prüfinstituten, von gewerblichen Verbänden, von Verbraucherschutzverbänden sowie von Industrie-, Handels- und Handwerkskammern, ausgeübt werden kann. Das bedeutet: Diese müssten gar nicht eine Privatklage mit den entsprechenden Anwalts- und Gerichtskosten gegen die Betrüger abwarten, sondern könnten mit einer Klage auf Unterlassung mit Berufung auf das Gesetz direkt selbst versuchen, den Betrug zu unterbinden.

§ 22 wurde natürlich nicht mit in das BGB übernommen. Stattdessen wurde ein eigenes Unterlassungsklagegesetz geschaffen, in dem sich wiederum der einstige § 22 findet. Seit der Abschaffung des AGB-Gesetzes ist jeder Geschädigte darauf angewiesen, den mühsamen Weg einer Einzelklage zu wählen. Allein dies dürfte Hindernis genug sein und hinreichende Sicherheit für die Verbreitung beliebiger AGBs bieten.

Die Allgemeinen Geschäftsbedingungen sind ein wichtiges Handwerkszeug der asymmetrischen Information. Sie können gar nicht missverständlich genug formuliert und geschickt genug als Kleingedrucktes vor dem Lesen geschützt werden, wenn sie den dauerhaften Geschäftserfolg eines Betruges sichern sollen. Gute, also für den Vertragspartner katastrophale AGB, kosten bei einem Fachanwalt schnell 20 000 Euro und mehr. Schließlich geht es darum, nicht nur eine Klage, sondern insbesondere eine Kündigung oder einen Widerruf auszuschließen. Welche Dimension der Betrug mit den AGB hat, konnte ich selbst an einem verrückten Beispiel feststellen. Ich hatte seit 1977 eine Hausratversicherung bei der Victoria. Nachdem ich dreißig Jahre lang brav meine Beiträge bezahlt hatte, kündigte ich im Jahr 2007. Daraufhin wurde mir mitgeteilt, dass meine Kündigung zu spät käme und ich das ganze Jahr 2008 zu bezahlen hätte. Ich zahlte nicht – daraufhin übergab die Victoria meinen Fall einem Inkassodienst. Natürlich besaß ich meine Police von 1977 nicht mehr, aber welchen Verlust hätte die Victoria denn erlitten, wenn sie meine Kündigung akzeptiert hätte?

Fakt ist: Sobald ein Verbraucher oder Käufer den Allgemeinen Geschäftsbedingungen zugestimmt hat, die sozusagen das Handwerkszeug jeder asymmetrischen Information sind, kann er den Tatbestand des Betruges nur noch in wenigen Ausnahmefällen geltend machen. Dies ist zum Beispiel der Fall, wenn er nachweisen kann, dass der Vertragspartner ihm wissentlich falsche Angaben gemacht hat. Der Geschäftserfolg asymmetrischer Information beruht aber nur sehr selten auf falschen Angaben, gar auf schriftlich niedergelegten, sondern er beruht auf nicht gemachten Angaben. Um diese nachträglich zu monieren, müsste der Käufer oder Verbraucher nachweisen können, dass ihm aus dem Verschweigen einer Tatsache ein Schaden entstanden ist – ein fast aussichtsloses Unterfangen, denn wer z. B. eine Aktie erwirbt, muss nach der gegenwärtigen Rechtssprechung immer mit deren Totalverlust rechnen, gleichgültig welche Informationen er über das Unternehmen oder die Aktie besaß. Wenn also jemand einen Aktienverlust als persönlichen

Schaden einklagen möchte, müsste er nachweisen, dass speziell dieser Verlust, der ja in der Regel ein kollektiver Marktverlust ist, durch eine Fehlinformation durch die Firma oder den Aktienhändler eingetreten ist – ein Ding der Unmöglichkeit.

Bei den wohlbekannten Call-in-Diensten im Fernsehen werden die Kosten für Anrufer über Mobilfunk ganz legal verschwiegen: Der Gesetzgeber hat sich damit begnügt, den Hinweis »Mobilfunktarife können ggf. von den Festnetztarifen abweichen« als Haftungsausschluss zu verlangen. Da es für den Anrufer aber völlig unmöglich ist, vor seinem Anruf die Tarife seines Mobilfunkanbieters für eben diesen Dienst zu ermitteln, teilen sich die Mobilfunkanbieter, der Fernsehsender und die betrügerische Dienstleistungsfirma den so erzielten Gewinn.

Call-in Fernsehen beruht ausschließlich auf staatlich gefördertem Betrug. Natürlich braucht man für so einen großangelegten Massenbetrug sogenannte »Landesmedienanstalten«, die die Fernsehsender dahingehend überwachen, ob diese die geltenden Gesetze einhalten. Die Anstalten stellen dann fest, dass dies der Fall ist. Noch nie ist ein Anbieter von Call-in-Programmen abgemahnt, verurteilt oder gar geschlossen worden. Auch in Zeitungsanzeigen liest man immer wieder einen Festnetztarif, neben dem ganz klein steht, dass der Mobilfunktarif gegebenenfalls abweichen kann.

Jeder von uns kann aus seinem Alltag sicher über viele Beispiele berichten, wie er durch asymmetrische Information einen Nachteil erfahren hat. Alle diese Beispiele sind aber Beispiele für staatlich erwünschten Betrug, nicht für einen heimlichen Betrug mit unangenehmen Delikten wie Urkundenfälschung oder Vorspiegelung falscher Tatsachen. Der Staat ist der große Garant des Verschweigens von nachteiligen Informationen, nicht der Wächter über deren Vollständigkeit und Korrektheit.

Der Staat ist zum Komplizen der Betrüger geworden. Und gegen die AGB des Staates ist keine Unterlassungsklage möglich.

I.13 Ehrliche Zocker – Wie Fußballwetter manipulierte Siege ignorieren

Wir stellen uns vor, vor dem Erwerb einer Aktie oder Anleihe müssten wir zuvor folgenden Satz unterschreiben: »A1.3. Unbekanntes Ergebnis. Der Käufer erklärt, dass ihm zum Zeitpunkt des Kaufes der künftige Kurs der Aktie nicht bekannt ist.«

Wir würden diesen Satz als unsinnig ansehen, denn wenn wir den künftigen Kurs des Papiers sicher wüssten, würden wir auf den Kauf verzichten, wenn wir es negativ einschätzen. Wenn wir den Kauf aber positiv sehen würden – und nur deshalb erwerben wir ein volatiles und risikobehaftetes Wertpapier – müssten wir hier eine falsche Angabe machen, weil wir natürlich glauben, der Kurs würde derart steigen, dass wir beim Verkauf einen möglichst hohen Gewinn einstreichen können. Die geforderte Erklärung könnte aber auch eine Art Eid auf die Ehrlichkeit unserer Wette darstellen. Sie soll verhindern, dass wir das Papier kaufen, obwohl wir aufgrund von Insiderinformationen, also asymmetrischen Informationen, ganz genau wissen, wie sich der Kurs entwickeln wird. Dürfen wir ganz ohne einen Unterton von Vorwurf annehmen, dass jeder Käufer einer Aktie oder Anleihe sich in dem Glauben wähnt, mehr und bessere Informationen zu erhalten als seine konkurrierenden Mitkäufer, vor allem aber als der dumme Verkäufer? Wenn dieser nämlich wüsste, wie toll sich die Aktie in den nächsten Monaten entwickeln würde, würde er sie ja wohl kaum gerade jetzt verkaufen, oder?

Wer eine Aktie oder Anleihe kauft, muss deshalb auch keine derartige Erklärung unterschreiben, die von vorneherein immer wahrheitswidrig wäre. Wer allerdings eine Fussballwette im Internet abschließt, muss in den Allgemeinen Regeln des Wettanbieters bwin folgendem Satz zustimmen:

> **A1.3 Unbekanntes Ergebnis**
> Der User erklärt, dass ihm zum Zeitpunkt des Platzierens der entsprechenden Wette das Ergebnis des Ereignisses nicht bekannt ist.

Mich machte dieser Passus neugierig. Warum werden Wettzocker so anders behandelt als Aktienkäufer? Schließlich sind ja diese auch der Auffassung, den Spielausgang aufgrund der ihnen vorliegenden Information besser beurteilen zu können als ihr Nachbar. Bei der Ermittlung der Quote stoßen dann die Meinungen aufeinander: Der Sieg wird dann unter Umständen fünfmal höher bewertet als die Niederlage. Oder umgekehrt. Mit nicht bekannt ist aber vor allem gemeint, dass es sich nicht um ein abgesprochenes Ergebnis handeln darf. Bei Neuemissionen von Aktien war das Letztere größtenteils der Fall, d.h., die Emittenten ließen im Rahmen der Bewertung ein Ergebnis für den Verkauf der Aktie ermitteln, das in der Regel auch dem Preis zumindest am Tag der Ausgabe und einige Wochen danach entsprach. Keiner der Beteiligten hätte so eine Erklärung wie die Fußballzocker unterzeichnen können, denn faktisch war ihnen immer zumindest der Ausgabekurs vorher bekannt.

Warum haben Fußballzocker eine solche Ethik? Ich unterhalte mich in Bregenz mit einem Profi, der nach eigenen Angaben 3000 Euro im Monat nur mit Fußballwetten verdient. Seine Spezialität ist ein nicht nur philosophisch, sondern auch kaufmännisch in den Kapitalmärkten völlig unbekanntes Ergebnis: Unentschieden. »Bei einem richtig vorhergesagten Unentschieden sind die Quoten besonders hoch, etwa 1 zu 6. Die meisten Wetter setzen nur auf Sieg oder Niederlage. Es gibt auch Ligen, in denen signifikant mehr Unentschieden gespielt wird, etwa in den 2. Ligen von Italien und Frankreich.« Auch auswärts spielende Favoriten müssen sich statistisch wesentlich öfter mit einem Remis begnügen. Der Remiszocker ist also gar kein Spezialist für Trainerwechsel und eingekaufte Startorschützen aus Brasilien, sondern er ist ein eher nüchterner Statistiker. Er hat einfach errechnet, dass es dort eine Nische gibt. Es ist zunächst sehr bemerkenswert, dass eine derart populäre Sportart mit einem scheinbar extremen Leistungsbewusstsein es überhaupt zulässt, dass Spiele unentschieden ausgehen. Würden wir dieses Prinzip auf die Wetten in den Kapitalmärkten übertragen, würden wir deren Prinzip ad absurdum führen, denn der Gewinn des einen ist dort immer auch der Verlust des anderen. Aber auch die hohen Quoten beim Unentschieden werden letztlich von den Wettern beglichen, die sich sicher wähnten, einen Sieg oder eine Niederlage voraussagen zu können. Mein Bregenzer Zocker nun hat mir sein System erklärt, das ich hier auszugsweise wiedergeben darf:

> Jede Mannschaft spielt über kurz oder lang unentschieden. Die Frage ist nur wann?
>
> Die Quoten für ›unentschieden‹ (X) sind gleichbleibend hoch. Suchen Sie sich irgendeine Mannschaft aus (egal welche) und setzen Sie bei der ersten Begegnung dieser Mannschaft auf X (›unentschieden‹). Den Einsatz sollten Sie gering halten – 1 Euro. Gewinnen Sie Ihre Wette, verdreifachen Sie in der Regel Ihren Einsatz. Sollten Sie verlieren, keine Panik! Setzen Sie wieder auf die gleiche Mannschaft und natürlich auf das Spielergebnis X (›unentschieden‹). Der Einsatz liegt wieder bei 1 Euro. Gewinnen Sie nun Ihre Wette, erhalten Sie 1/3 Gewinn (Ausgaben: 2 Euro, Einnahmen: 3 Euro, Gewinn: 1 Euro). Sollten Sie jedoch verlieren, setzen Sie wieder auf die gleiche Mannschaft – 1 Euro auf X (›unentschieden‹). Bei einem Gewinn bekommen Sie zumindest Ihren Einsatz zurück. Sollten Sie vom Pech verfolgt sein, wetten Sie erneut auf die gleiche Mannschaft, wieder auf X (›unentschieden‹), jedoch erhöhen Sie Ihren Einsatz von 1 auf 2 Euro! Sollten Sie gewinnen, erhalten Sie 1 Euro als Gewinn (Ausgaben/Einsatz: 5 Euro, Einnahmen: 6 Euro, Gewinn: 1 Euro). Diese Strategie ist sehr risikoreich!

Da mir der enthusiastische Fachmann empfahl, hauptsächlich auf auswärts spielende Favoritenspiele zu setzen, fiel mir ein, dass diese doch oft mit einem Elfmeterschießen beendet würden, also gar kein Unentschieden als Ausgang haben können.

Charly, so nenne ich ihn hier, lächelte mich an:

> »Glaubst du im Ernst, wir ließen uns auf solche Unwägbarkeiten ein? Wir sind doch keine gottergebenen Glücksspieler!«
> »Wieso, wie könnt ihr denn diesen Ausgang verhindern?«
> »Überhaupt nicht. Aber in den Wettbedingungen ist festgelegt, dass sich unsere Vorhersage auf 90 Minuten Spielzeit und Nachspielzeit bezieht, nicht aber auf ein Elfmeterschießen.«

Das erschien mir unglaublich. Wenn die Champions League, die Sponsoren und Medien alle versuchten, um jeden Preis einen Sieg oder eine Niederlage herbeizuführen und dazu ja gerade das Elfmeterschießen mit seinem K.O.-System einführten, könnten doch die Fußballzocker wohl kaum daran vorbeigehen? Aber ich sollte mich täuschen. Tatsächlich findet sich in den Wettbedingungen von bwin folgende Passage:

> **B1.9 Spielzeiten:**
> Bei allen Sportarten mit im Regelwerk festgelegter Spieldauer gilt das Ergebnis nach der regulären Spielzeit (einschließlich Nachspielzeit). Etwaige Verlängerungen, Penaltyschießen usw. haben keinen Einfluss auf die Auswertung der Wetten. Jegliche Ausnahmen werden entweder bei ihrem Auftreten bekannt gegeben oder sind Teil der Sonderregeln der entsprechenden Sportart.

Am 19. Mai 2008 bezeichnete Dave Higgings vom Wettportal bettingpro eine Reihe von Prognosen zum Ausgang des Champions-League-Endspieles zwischen den Red Devils von Manu und den Blues von Chelsea mit folgenden Worten: »Die Zeichen deuten darauf hin, dass dies eine verschwiegene Affäre sein wird. United und Chelsea standen in der letzten Saison im Finale und beide Teams schienen zu viel Angst vor dem Verlieren zu haben, um nach vorne zu stürmen und anzugreifen.«

Manchester United gewann am 21. Mai 2008 erst im Elfmeterschießen gegen den FC Chelsea das erstmals innerenglische Finale der Champions League (Stand nach Verlängerung: 1 : 1). Eine Fußballwette auf diesen Ausgang hätte aber keine Chance gehabt. Nur jene Zocker, die auf »unentschieden« gewettet hatten, blieben siegreich. Möglicherweise hat Dave Higgins zu ihnen gehört.

Was für uns als anregende Erkenntnis bleibt: Wenn die Wirklichkeit so ist, dass selbst wirtschaftlich hochbedeutende Spiele unentschieden ausgehen können, beide Mannschaften also nachweislich gleich stark sind, warum können dann nicht beide Champions sein? Die von Medien, Verbänden und Publikum erzwungene Entscheidung verfälscht nämlich das tatsächliche Ergebnis. Der Nobelpreis kann schließlich auch geteilt werden.

Die Fußballzocker haben auf die Manipulation der Resultate eine ganz einfache und klare Antwort. Sie akzeptieren das manipulierte Ergebnis nicht und werten das Spiel »unentschieden«. Wir sollten uns überlegen, wie wir so eine realitätsnahe Einschätzung auf Finanzwetten oder Wahlen übertragen können. Dann wäre George W. Bush nie alleine US-Präsident geworden und die T-Aktie hätte vielleicht statt 90 Prozent ihres Wertes nur 50 Prozent eingebüßt.

Teil II: Die Harvard-Ökonomie – Bilanzfälschung auf globaler Ebene

II.1 Ein netteres Wort für Betrug: *Asymmetrische Information*

Wer – wie ich – Geschäftskontakte mit Amerikanern, Briten und Holländern pflegt, wird irgendwann, hoffentlich früh, den Satz hören: »*Let's talk frankly now.*« Der Unerfahrene wird dies als Ausdruck von Vertrauen und Nähe ansehen. Er wird glauben, der Partner weihe ihn nun in seine bisher zurückgehaltene Meinung über den Chef oder über die Politik ein. Tatsächlich drückt der Satz nur aus, dass man aus irgendeinem Grund glaubt, mit dem Geschäftspartner doch ehrlich sein zu wollen. Damit gibt man aber zu, dass die ganzen vorherigen Verhandlungen nicht frankly waren, dass ständig mit gezinkten Karten gespielt wurde. In der angelsächsischen Kultur ist dies ganz normal, auch untereinander. Man kann sich vorstellen, wie groß daraufhin das gegenseitige Misstrauen ist. Jeder Vertrag wird von Anwälten zehnmal gegengelesen und enthält viele Klauseln, die versuchen, ungünstige Bedingungen in die Periode des talk frankly hinüberzuretten. Ein unterschriftsreifer Vertrag mit einem US-Unternehmen kann ein europäisches oder asiatisches Unternehmen ruinieren.

Let's talk frankly kann aber auch eine rein rhetorische Wendung zum Zweck des Verkaufens sein; dann trägt Ihnen Ihr Geschäftspartner irgendeine Banalität als große Wahrheit vor. Zwar sitzt man mit den Deutschen gerne kumpelhaft beim Bier, dies verhindert aber nicht, dass sie im Geschäftsleben relativ oft über den Tisch gezogen werden. Hat das wirklich nur kulturelle Gründe?

Will man durch die Teilnahme am Wirtschaftsleben einen Profit erzielen, in dem man etwas teurer verkauft, als es eigentlich natürlicherweise sein darf, ist man völlig auf Betrug angewiesen. Das klingt ungut. Die Ökonomen haben dafür ein schöneres Wort: asymmetrische Information. Das Produkt hat einen Mangel, den der Käufer nicht kennt und den er auch nicht vor dem Kauf erfahren soll. Das Produkt ist also viel weniger wertvoll, als der Käufer glaubt. Da er dies aber nicht weiß, ist der Verkäufer im Vorteil.

Asymmetrische Information ist derart verbreitet, dass man sie gar nicht mehr als solche wahrnimmt. Sie beginnt bereits weit vor jeder erdenklichen verschweigbaren Produkteigenschaft, nämlich beim Preis. Sobald nämlich die Zahl 9 in dem Preis eine tragende Rolle spielt, zum Beispiel bei 9,99 Euro, wird dem Käufer ein Preisvorteil vorgegaukelt. Es ist dies die einfachste und gebräuchlichste Art von legalem Betrug. Obwohl es für alle Beteiligten erheblich einfacher wäre, mit der Zahl 10 zu rechnen und auf den einen Cent Wechselgeld zu verzichten, glauben offensichtlich beide, Verkäufer wie Käufer, dass sie sich nicht über den Weg trauen können: Der Verkäufer befürchtet, sein Produkt für glatte 10 schlechter verkaufen zu können. Der Käufer befürchtet, einen ihm seiner Ansicht nach zustehenden Rabattvorteil nicht zu bekommen. Beim Preis einigen sich immerhin Verkäufer und Käufer darauf, sich möglichst grundsätzlich und immer gegenseitig zu belügen. Er ist deshalb nur sehr bedingt ein gutes Beispiel für asymmetrische Information. Wenn allerdings, was oft geschieht, der Preis vorgeblich von einem deutlich höheren Ursprungspreis herabgesetzt ist, der in Wahrheit aber nie gefordert wurde, ist dies ein vorsätzlicher Betrug am Verbraucher. Dem wurde nämlich der falsche Vorteil vorgespiegelt, ein hochwertiges Produkt deutlich reduziert zu bekommen, obwohl er tatsächlich den vollen, kalkulierten Preis bezahlte.

In den Wirtschaftswissenschaften wird asymmetrische Information nie mit so praktischen Beispielen illustriert. Sie gilt in der Betriebswirtschaft als ein Teilproblem der Informationsökonomie und wird dort in drei Grundtypen[6] unterteilt: Qualitätsunsicherheit, Hold-up und Moral

[6] Spremann, Klaus: Asymmetrische Information, Zeitschrift für Betriebswirtschaft 60 (1990) 5/6, S. 561–586.

Hazard. Mit Hold-up wird die langfristige Vertragsbeziehung und deren Auswirkung auf Macht- und Entscheidungsstrukturen bezeichnet, etwa bei einer Fusion von zwei Unternehmen oder bei einem Eigentümerwechsel. Als Moral Hazard gelten Anreizsysteme wie etwa die derzeit vieldiskutierten Erfolgsboni für Banker. Durch ein falsches Anreizsystem, so die Ansicht der meisten Ökonomen, entstehen große betriebs- und volkswirtschaftliche Verluste.

Im Jahre 2001 erhielten die Forscher George Akerlof, Michael Spence und Joseph Stiglitz den Wirtschaftsnobelpreis für ihre Analyse von Märkten mit asymmetrischer Information. In der Begründung der Schwedischen Reichsbank wird das sogenannte Grossman-Stiglitz-Paradox erwähnt, das auch für unsere Betrachtungen hier bemerkenswert ist: Wenn die Preise tatsächlich alle relevanten Informationen für Käufer und Verkäufer widerspiegeln würden, dann würde keiner der beiden den Preis hinterfragen müssen. Der ideale Markt wäre damit immer auch automatisch ehrlich, da sowohl die Auf- wie die Abschläge auf die Preise Vor- und Nachteile des Produktes, also die Produktinformation, bereits bewerten. Das erinnert uns an die im Sozialismus einst vertretene These, es könne schon deshalb keine Ungerechtigkeit und Korruption im Sozialismus geben, da dieser grundsätzlich die Interessen des Volkes vertrete. Akerlof, Spence und Stiglitz haben in erster Linie die Finanzmärkte analysiert, auf denen der Käufer wie der Verkäufer enorme Summen in die Informationsbeschaffung, in Analyse und Rating investieren. Warum eigentlich, wenn die Preise doch die Informationsqualität bereits bewerten? Noch immer wissen nur wenige Menschen, dass die großen Ratingagenturen, die Unternehmen wie Staaten bewerten, etwa Moody's und Standard & Poor's nicht von einem misstrauischen Käufer beauftragt und bezahlt werden, sondern vom Verkäufer der Finanzprodukte. Im Sinne eines Moral Hazard ist es dann auch verständlich, dass nur in seltenen Ausnahmefällen Produkte niedrig bewertet werden und von deren Kauf abgeraten wird. Den positiven Bewertungen von 80 Prozent stehen negative Bewertungen von nur 20 Prozent entgegen. Stiglitz und Andrew Weiss zum Beispiel empfahlen lange vor Ausbruch der Finanzkrise den Banken, bei notleidenden Krediten nicht die Zinsen, also die Risikoprämie, zu erhöhen, sondern das Kreditvolumen zu begrenzen. Mit dem System der ABS, der Asset Backed Securities, geschah dann das Gegenteil: Lukrative Prämien und Aufschläge auf die Kredite, CDO und CDS verführten viele Anleger, unter ihnen die deutschen Landes- und Staatsbanken, scheinbar risikolos als Versicherer handeln zu können. Das Ausfallrisiko wurde wegen der sicheren Prämie übersehen.

Während innerhalb der Wirtschaftsforschung asymmetrische Information als ernst zu nehmendes Problem in erster Linie der Finanzmärkte durchaus diskutiert wird, interessieren sich die Forscher nicht für den täglichen Betrug am Kunden. Getreu dem Grossman-Stiglitz-Paradox haben sie – wie übrigens auch die deutschen Staatsorgane – die unausrottbare Auffassung, die Fehlinformation löse sich bereits über den Preis in Transparenz auf.

Das bedeutet: Wenn ein enttäuschter Anleger vor Gericht geht, belehrt ihn das Gericht darüber, dass die erwartete Rendite über der Sparbuchverzinsung ihm bereits das eingegangene Risiko verkündete. Hoher Gewinn, hohes Verlustrisiko. Deutschland ist so zu einem Mekka des grauen Kapitalmarktes geworden, denn fast nie kann ein Anleger seine Verluste vor Gericht erstreiten. Noch krasser fällt die Schutzlosigkeit der Kunden aus, wenn sie minderwertige Produkte zu herabgesetzten Preisen kaufen. Der Gesetzgeber sieht hier nicht die geringste Haftung der Verkäufer, die täglich millionenfach Kleidungsstücke, welche bereits nach der ersten Wäsche unbrauchbar sind, an den Mann oder die Frau bringen. Nagelneue Elektrogeräte und Selbstbaumöbel lassen sich gar nicht erst in Betrieb nehmen oder aufbauen. Mehr als die Hälfte aller erworbenen Nahrungsmittel wandert direkt in den Müll, weil sich herausstellt, dass sie ein Fehlkauf waren, den man nicht länger im Küchenregal aufbewahren will.

Die Hälfte aller Fahrräder steht mit leeren Reifen und kaputter Gangschaltung im Keller, vor Universitäten und Bahnhöfen, unter Brücken und auf wilden Parkplätzen. Bei den Arzneimitteln werden gar 90 Prozent nicht verwendet und warten in Schubladen auf ihre Entsorgung. Wir werden dies als Folge eines großangelegten Systems der Verbreitung von asymmetrischer Information interpretieren, auf dem nicht nur wenige betrügerische Kapitalmarktprodukte, sondern weite Teile unseres täglichen Bedarfs und Verbrauchs aufbauen.

II.2 Wie Regierungen und Ökonomen das Bruttosozialprodukt fälschen

1953 erschien in New York ein bis heute völlig unbekanntes Dokument, das die Weltwirtschaft mehr beeinflussen sollte als alle Kriege und Krisen zuvor. Es trug den Titel *A System of National Accounts and Support Tables*. Herausgeber waren die Vereinten Nationen. Ziel dieses Dokumentes war es, die Staaten auf eine einheitliche Bewertung ihrer nationalen Wirtschaftsleistung einzuschwören, die – eben um der Vergleichbarkeit willen – in einer Währung, nämlich in US-Dollar, erfolgte. Das Ergebnis dieser Methode weist seitdem ohne Unterbrechung auch nach der Finanzkrise die Vereinigten Staaten von Amerika als stärkste Volkswirtschaft der Welt aus.

Das unter Fachleuten mit dem Kürzel SNA (System of National Accounts) bezeichnete Messmodell wurde erst relativ spät wirklich wichtig, als nämlich Staaten, allen voran die USA, selbst begannen, im großen Maßstab Schulden aufzunehmen, die sie durch Staatsanleihen finanzierten. War die Nachkriegszeit durch Sparsamkeit und Vorsicht charakterisiert, führten die enormen Wachstumsraten 1950 bis 1970 dazu, dass zunehmend davon ausgegangen wurde, das Wachstum werde sich so fortsetzen. Wie ein Immobilienbesitzer in England oder in den USA in den 90er Jahren, der damit rechnete, seine Immobilien würden erheblich mehr an Wert gewinnen, als er Zinsen für seine Kredite bezahlte, nahmen Staaten auf einmal Finanzmittel mit einer Wachstumsrate auf, die keine Realwirtschaft liefern konnte.

Umso mehr überrascht der Satz, mit dem ein Artikel des Büros für ökonomische Analysen der US-Regierung im Juni 1990 einen Artikel über das SNA einleitet: »Das System zur nationalen Bilanz und Datengewinnung der Vereinten Nationen ist in den USA nicht weithin bekannt. Aber das Interesse scheint zuzunehmen.«

Dazu muss man wissen, dass sich die Verschuldung der USA 1980 scheinbar auf einem historischen Tiefpunkt befand. Waren die USA in der Kriegszeit unter Roosevelts New Deal nach heutigen Berechnungen mit etwa 120 Prozent ihres Bruttosozialproduktes verschuldet, so betrug dieser Wert 1980 nur noch 33,3 Prozent – und dies, obwohl die absoluten Schulden in Dollar, der ja keine Währungsreform durchmachte, sich von 257 Milliarden im Jahre 1950 auf 909 Milliarden im Jahre 1980 verdreifacht hatten. 1990, das Jahr in dem der Artikel über das SNA publiziert wurde, betrug die Verschuldung bereits 3,2 Billionen Dollar. Das bedeutet, dass sich in nur zehn Jahren die US-Schulden verdreifacht haben, wozu sie zuvor 30 Jahre benötigt hatten. Dieser Zuwachs ist nicht leicht zu erklären. Der Vietnamkrieg war bereits lange beendet. Das Wettrüsten flaute nach dem Ende der Sowjetunion 1985 ab. Eine größere Delle in der Entwicklung der Weltwirtschaft war nicht zu vermelden. Die Informationstechnologie, in der die Amerikaner bis heute führend sind, verzeichnete weiter große Zuwächse. Das Moore'sche Gesetz, wonach sich die Speicherkapazität von Chips fast exponentiell steigert, schien auch im US-Aktien- und Immobilienmarkt zu gelten. Wozu also diese Verdreifachung der Staatsschulden?

Auch die Bundesrepublik Deutschland verdoppelte in diesem Zeitraum ihre Staatsschulden, ohne dass ein besonderer äußerer Einfluss dies erklären könnte. In den USA wäre eine Erklärung, dass die private Altersvorsorge dazu führte, dass die Berufstätigen und Firmen immer größere Beträge sicher anlegen wollten, wozu Staatsanleihen eine der besten Anlagemöglichkeiten waren. Absurd, aber plausibel: Staatsschulden wurden gemacht, um Anlegern eine sichere Verzinsung zu bieten. Die Schulden in diesem Zeitraum fielen zudem in eine Hochzinsphase, wo 8 Prozent und mehr auch für deutsche Staatsanleihen bezahlt wurden. Wer also 1980 aufgrund damals niedriger Steuern und Sozialabgaben in der Lage war, höhere Beträge in deutschen oder US-Staatsanleihen anzulegen, konnte diese in zehn Jahren mit Wiederanlage leicht verdoppeln. Die Löhne allerdings verdoppelten sich in diesem Zeitraum nicht. Noch heute, 2009 gilt in den USA ein Mindestlohn von 7,25 US-Dollar (momentan 5,26 Euro). In Deutschland gibt es gar keinen Mindestlohn.

Ist die Staatsverschuldung also in Wirklichkeit ein todsicheres Vermögensbildungsprogramm für jene, die Überschüsse ansparen können? Misstrauten die Politiker und Vermögensverwalter bereits 1980 dem

Wachstum am Aktienmarkt? Der deutsche Aktienmarkt war ja erst Anfang der 80er Jahre aus einem jahrzehntelangen Dornröschenschlaf erwacht. Ich zählte 1983 selbst zu jenen Spekulanten, die mit einem Dresdner Bank Optionsschein mal einfach 37 Prozent in vier Monaten machen konnten. 12 900 DM Gewinn waren für einen 24-Jährigen doch ein ziemlich hoher Betrag.

Noch immer aber fehlt uns eine Erklärung für den enormen Anstieg der Staatsverschuldung in dieser international friedlichen Phase von wachsendem Wohlstand. Eines nur zeigt der Artikel von 1990: Die Staaten sollten die Schulden weiter ins Unermessliche erhöhen und dabei ein System anwenden, das ganz auf dem SNA basiert: die Verschuldung in Relation zum Bruttosozialprodukt. Wir wollen in diesem Zusammenhang bewusst darauf verzichten, den sogenannten Keynesianismus zu diskutieren, der oft als ideologischer Überbau der staatlichen Verschuldungspolitik bezeichnet wird. Unser Interesse gilt nämlich der Berechnungsgrundlage des Bruttosozialproduktes selbst, auf dessen Berechnung nicht nur die Schuldenaufnahme basiert, sondern auch die Bewertung und der Vergleich der Ausgaben für Bildung, Soziales und Gesundheit, für Rüstung und Technologieförderung, Entwicklungshilfe und Klimaschutz. Das Pro-Kopf-Einkommen von Menschen wird auf der Basis des Bruttosozialproduktes ermittelt.

Was heute kaum bekannt ist: Bis zum Jahr 1995, in dem das SNA neu definiert und verabschiedet wurde, bestand diese Relation noch gar nicht! Dies geht aus der Erklärung von 1990 hervor, in der es heißt: »Das SNA wird gegenwärtig neu bewertet, um Fortschritte in der ökonomischen Bilanzierung in den letzten 20 Jahren und die Entwicklung neuer ökonomischer Institutionen und politischer Anliegen zu berücksichtigen, und lässt deshalb einen Wechsel der USA zum SNA als sinnvoll erscheinen.«

Zum Zeitpunkt dieser Erklärung bilanzierten die USA nämlich noch nach BEA. BEA heißt das Bureau of Economic Analysis der USA und ist scheinbar mit dem Deutschen Statistischen Bundesamt vergleichbar. Es ist dem Wirtschaftsministerium unterstellt, wohingegen das deutsche Amt dem Innenministerium untersteht – kein unwesentlicher Unterschied. Liegt es nicht nahe, ein Amt des Wirtschaftsministeriums auch für Belange einzusetzen, die letztlich alle als Wirtschafts- und Wachstumsförderung gerechtfertigt werden können? Doch auch das Statistische Bundesamt ist nicht frei von wirtschaftspolitischer Einflussnahme: Der sogenannte Sachverständigenrat für die wirtschaftliche Entwicklung, auch die Fünf Weisen genannt, ist dem Amt zugeordnet.

Ganz offensichtlich waren die USA 1990 in Sorge, die Bilanzierung nach eigenen Maßstäben durch ihr BEA könnte insbesondere ausländische Käufer von US-Staatsanleihen daran zweifeln lassen, dass diese Kredite auch besichert und tilgbar seien. Der Übergang zu einer SNA Bilanz, die zugleich für alle Staaten verbindlich war, würde mehr Vertrauen schaffen und damit den Absatz sichern, denn die USA planten eine weitere Verdreifachung ihrer Staatsschulden auf 10 Billionen Dollar. Nun mussten sie nur dafür sorgen, dass die SNA-Rechenmodelle so abgefasst waren, dass sie in erster Linie den USA nützten. Dies war Anfang der 90er Jahre kein Problem, denn weltweit hatten die Star-Ökonomen der US-Universitäten und der Präsident der Federal Reserve den Ruf, mehr von Wirtschaft zu verstehen, als jeder andere. Wenn es gelingen könnte, durch US-Ökonomen die SNA-Standards zu definieren, wäre damit nicht nur die Superiorität der US-Wirtschaft auf die Dauer statistisch abgesichert, sondern es würde auch möglich, die Anleger aus neuen Wachstumsregionen wie Arabien und Asien, aber auch aus Europa als Käufer für US-Schulden zu gewinnen und sie damit dauerhaft in mehrfacher Hinsicht erpressbar zu machen. So könnte die Drohung einer Abwertung des Dollars verhindern, dass die im Grunde toxischen Papiere auf den Markt geworfen würden. Das größte Druckmittel aber würde der US-Staatsbankrott sein, ein Druckmittel, das nur durch eine Weltwirtschaft in gegenseitiger Abhängigkeit funktionieren könnte, die man heute als *Globalisierung* bezeichnet.

II.3 Die hohe Kunst der Bilanzfälschung – Bilanzstandards aus einem Postfach in Delaware

Wer erinnert sich noch an den Fall Enron? Ein US-Unternehmen dieses Namens wurde vom Wirtschaftsmagazin *Fortune* sechsmal als »America's Most Innovative Company« ausgezeichnet. Zu seinen Glanzzeiten unterstützte Enron 188 Abgeordnete des US-Kongresses und 71 Senatoren. Enron finanzierte auch den Präsidentschaftswahlkampf von George W. Bush mit insgesamt 2 Millionen Dollar. Im Jahre 2001 brach das System der Bilanzfälschung, mit dem Enron zeitweise einen Börsenwert von 60 Milliarden Dollar erreichte, zusammen. Neben den Managern, von denen mehrere zu langjährigen Haftstrafen verurteilt wurden, gerieten zum ersten Mal auch die externen Buchprüfer von Arthur Andersen unter Beschuss, die Enron bis zuletzt korrekte Zahlen attestiert hatten. Auch die Ratingagenturen Moody's und Standard & Poor's jubelten einst über die vorzügliche Bonität der Gashändler. In der Folge wurde Arthur Andersen zerschlagen und wie auch heute, nach der angeblichen Weltfinanzkrise, wurden neue Gesetze verabschiedet, die künftig solches verhindern sollten.

Das Gesetz mit dem kryptischen Namen Sarbanes-Oxley Act wurde am 25. Juli 2002 verabschiedet und am 30. Juli 2002 von George W. Bush ratifiziert. Es trägt den Namen zweier Politiker. Der Demokrat Paul S. Sarbanes war Vorsitzender des Bankenausschusses des amerikanischen Senates. Michael Oxley war Republikaner und Vorsitzender des Ausschusses für Finanzdienstleistungen des Repräsentantenhauses. Beide sind heute pensioniert. Das Gesetz machte vor allem eine Auflage: Ein internes Kontrollsystem, das von qualifizierten Controllern überwacht wird, soll nicht nur den Jahresabschluss selbst, sondern auch dessen Prüfung durch externe Wirtschaftsprüfer überwachen. Unternehmen müssen fortan sozusagen die Selbstprüfung der Selbstprüfung bestätigen. Diese Auflage war sehr kostenintensiv und führte nach Ansicht eines Veteranen der US-Wirtschaftsberater, des ehemaligen Vorsitzenden des wirtschaftlichen Beraterkreises von Ronald Reagan und heutigen Direktors des legendären, konservativen Cato-Instituts vor allem zu einem Ergebnis: »Die amerikanischen Märkte«, so stellte William A. Niskanen in der *New York Times* bitter fest, »sind das letzte Opfer von Enron«. Niskanen kritisierte zu Recht, dass gerade der Fall Enron auch durch die neuen Auflagen nicht verhindert worden wäre. Dort nämlich saßen hochqualifizierte Vorstände und ein qualifizierter Aufsichtsrat. Warum aber wurden die Märkte durch Kontrollauflagen bei der Bilanzerstellung geschädigt?

Dazu muss man wissen, dass in den Vereinigten Staaten eigene Vorschriften und kulturelle Besonderheiten bei der Rechnungslegung herrschen. Man könnte auch von einer US-amerikanischen Bilanzkultur sprechen, die durch den Fall Enron erstmals in Frage gestellt wurde. Die United States Generally Accepted Accounting Principles, abgekürzt US-GAAP, beruhen gar nicht auf einem Gesetz, sondern sind letztlich Standards, die sich die US-Wirtschaft selbst gibt. Sie werden von einem Financial Accounting Standards Board (FASB) erarbeitet, das wiederum von einer privaten Stiftung, der Financial Accounting Foundation getragen wird. Da diese Anforderungen aber maßgeblich für die Auflagen der Börsenaufsicht sind, sind sie auch maßgeblich für den gesamten Aktien- und Wertpapierhandel der bis heute größten Börse der Welt. Das FASB wurde 1972 gegründet. Chairman des FASB ist der in der Öffentlichkeit weithin unbekannte John J. Brennan, der seinen MBA in Harvard absolviert hat. Doch die Funktion des Chairmans der Kommission für Rechnungslegungsstandards ist für ihn nur ein ehrenvolles Nebenamt. Im Hauptberuf war Brennan 12 Jahre Vorstandsvorsitzender (CEO) einer der größten Vermögensverwaltungen der Welt, der Vanguard Group Inc., deren Chairman er nun ist. Die Vanguard Group, deren erster Fonds bereits 1929 aufgelegt wurde, sagt von sich in aller Bescheidenheit: »Unsere Mission ist es, die finanziellen Ziele unserer Kunden dadurch zu erreichen, dass wir weltweit der hochwertigste Anbieter von Investmentprodukten und Diensten sind.« Vanguard sitzt nicht an der Wall Street oder in der Nähe der großen Wirtschaftskanzleien von Boston, sondern im beschaulichen Valley Forge in Pennsylvania. Die Werte, für deren Verwaltung man alleine in den USA 12 500 Mitarbeiter beschäftigt, werden locker mit »ungefähr eine Billion Dollar« angegeben.

Das erscheint äußerst unwahrscheinlich, wenn man weiß, dass die Deutsche Bank in ihrem Asset Management vor der Finanzkrise mit 3000 Mitarbeitern 500 Milliarden Euro verwaltete.

Für Kenner der amerikanischen Militärstruktur in der Wirtschaft mag weiterhin der Hinweis interessant sein, Brennan diene als Chairman der Officers des FASB, nicht als Chairman des Board of Trustees. Oder, einfacher formuliert: Brennan ist nicht ein in Ehren ergrauter Frühstücksdirektor, sondern der operative Kopf dieser verschwiegenen Vereinigung, da diese nämlich keinen CEO beschäftigt. Von diesem Mann nun hängt es ab, ob und wie Unternehmen durch Befolgung der GAAP Zugang zur US-Börse bekommen und ob sie Anleihen begeben dürfen. Welchen Vorteil hat es nun, die Leitung des FASB in die Hand des Chefs von Vanguard zu legen? Zweifelsohne ist er ein Mann mit größtmöglicher Erfahrung, in jeder Hinsicht ein Insider nicht nur der US- Finanzmärkte, sondern der Weltfinanzmärkte.

Ist es vermessen, vom Chairman von Vanguard anzunehmen, dass er in erster Linie die »finanziellen Ziele« seiner Kunden erreichen möchte und dass damit nicht eine Sparbuchverzinsung von 1,5 Prozent gemeint ist? Die über 150 Fonds von Vanguard versuchen, wie alle Fonds, besser als der Markt zu sein. Vanguard beschäftigt die weltweit besten und höchstbezahlten Spezialisten, um mehr zu wissen als die Analysten der Banken, als Nobelpreisträger für Wirtschaft oder clevere Investmentbanker und Brokerhäuser. Eine überdurchschnittliche Performance lässt sich nur erreichen, wenn man Aktien und Anleihen von den richtigen Marktteilnehmern zum richtigen Zeitpunkt ankauft bzw. an diese verkauft. Brennan wurde erst im März 2009 Chairman des FASB. Was machte das FASB zu diesem Zeitpunkt falsch? Warum benötigte es einen Kurswechsel? Die Antwort gibt der Angriff von Niskanen in der *New York Times*: Durch den Sarbanes-Oxley Act seien die Kosten für Bilanzerstellung und Bilanzprüfung derart gestiegen, dass es kaum mehr Börsengänge gäbe, klagt Niskanen. So ist der Anteil der weltweiten Börsengänge in den USA von 50 Prozent im Jahre 2000 auf 5 Prozent im Jahre 2006 zurückgegangen. Viele ausländische Unternehmen, die im Jahre 2000 euphorisch an die New Yorker Börse gegangen waren und eine Menge Geld in ihre GAAP-Abschlüsse investierten, wandten sich nun enttäuscht ab. Der Nachschub an neuem Börsenkapital, von dem die großen Wirtschaftsprüfungskanzleien und Unternehmensberater – im FASB findet sich z. B. die KPMG – leben und das auch eine große Menge erfolgloser Aktien produzieren soll, um die Erfolgscharts der Gewinner zu sichern, trocknet aus.

Niskanen fordert deshalb auch gar nicht erst ein neues oder verändertes Gesetz, nein, er fordert die Abschaffung des Gesetzes – und er tut dies kurz vor der Finanzkrise in der *New York Times,* der führenden politischen Zeitung der USA. Allerdings könnten Vanguard und die anderen großen US-Vermögensverwalter wie State Street (mit der netten Anschrift »1 Wall Street«) auch die umgekehrte Position vertreten: Dadurch, dass der Nachschub an Neuemissionen austrocknet, werden die alten Aktien automatisch wertvoller, wenn der Anteil an neuem Vermögen, insbesondere der angesparten Beiträge für die Altersvorsorge, zum gleichen Anteil wie bisher in Aktien und Anleihen geht. Tatsächlich haben sich seit dem Tiefpunkt im März 2009 viele Aktienkurse verdoppelt und den Vermögensverwaltern mehrfach Gewinne beschert, wenn sie neu angelegtes Kapital zu Schnäppchenpreisen investieren konnten und wenn bereits abgewertete und abgeschriebene Papiere wieder reüssierten. Vor allem aber konnten die Vermögensverwalter mit Staatsbankgeld zu Niedrigzinsen von 0,125 Prozent die Aktien auf dem durch die Finanzkrise verunsicherten Bärenmarkt zu Niedrigstkursen aufkaufen.

Die US-GAAP Standards waren lange ein Vorteil für die darin geübten US-Aktiengesellschaften und ihre Dienstleister, die großen Wirtschaftsprüfungsgesellschaften und Ratingagenturen. Sie konnten dadurch den Wert von US-Aktiengesellschaften derart manipulieren, dass über Jahrzehnte die US-Börse zur führenden Weltbörse wurde. Wer vermutet, die GAAP seien im Gegensatz zu den Bilanzierungsvorschriften im deutschen Handelsgesetzbuch besonders streng, täuscht sich. Sie ermöglichen nur eine andere Sichtweise auf die Profitabilität des Unternehmens. Das »*adjusted pre tax*«-Ergebnis nämlich, das maßgeblich für die Bewertung des Unternehmens im Kurs-Gewinn-Verhältnis ist, klammert die restructuring costs, die Restrukturierungskosten, aus. Das bedeutet, dass man alle möglichen Kosten und Risiken als Restrukturierungskosten von ihrer negativen Auswirkung auf die Bilanz auslagern kann. Während Enron durch ein kompliziertes System von Rechnungen eigener Scheinfirmen zu seinem stattlichen Jahresgewinn von zuletzt 1,2 Milliarden Dollar kam, kann Gewinn durch eine Fülle weiterer Maßnahmen in der Bilanz ausgewiesen werden, so zum Beispiel durch:

- Beteiligungen an anderen Gesellschaften und Tochtergesellschaften, deren Bewertung manipuliert wird.
- Forderungen gegen Kunden oder Partner, die im Grunde nicht mehr einbringbar sind, können noch mit ihrem Ursprungswert angesetzt werden.
- Durch die Bezahlung mit Aktienoptionen werden die gigantischen Gehälter und Boni des Managements verschleiert und letztlich an der Bilanz vorbei durch Kapitalerhöhungen und genehmigtes Kapital als Geld gedruckt.
- Abfindungen und mit Mitarbeiterabbau verbundene Kosten für Personal- und Unternehmensberater, für Gerichtsverfahren und Anwälte, ja selbst für neue Gebäude und Umzüge, können als Restrukturierungskosten den ausgewiesenen Gewinn unbeeinflusst lassen.

Keine dieser Maßnahmen, so versicherte mir ein Fachmann, bietet einen automatischen Anlass für eine Nachfrage der Wirtschaftsprüfer, solange alle anderen Posten, etwa die Umsätze, die Kapitalkosten, die Material-, Marketing- und Personalausgaben korrekt geführt und abgerechnet wurden. Das – so der anonym bleiben wollende Fachmann – habe sich weder durch den Sarbanes-Oxley Act, noch durch die Finanzkrise geändert.

Was also ärgert Niskanen so an dem Gesetz, außer dass es Börsengänge so verteuert, dass sie ganz unterbleiben? Nach Niskanen hat durch das Gesetz das Vertrauen gegenüber amerikanischen Unternehmen abgenommen, was sich für ihn daran zeigte, dass die Anleger für jeden Dollar Gewinn immer weniger für die Aktie bezahlten. Vor allem aber begünstige es andere Börsen, die nicht so ein nationales Gesetz haben – eine Anspielung auf die vielen erfolgreichen Börsengänge insbesondere in China. In Europa hat das interne Kontrollsystem nach dem Vier-Augen-Prinzip, dessen Befolgung für alle Beteiligten das persönliche Haftungsrisiko vermindern soll, das Kürzel SOA (Sarbanes-Oxley Act) als Spitznamen. SOA sorgt nicht nur dafür, dass sich viele Mitarbeiter im Bereich Finanzen und Controlling über die Feiertage und zum Jahresbeginn verfügbar halten müssen, sondern verursacht für europäische Unternehmen, die vorher nicht nach US-GAAP bilanziert haben und auf diese Bilanzierung nun das komplizierte Kontrollverfahren aufsetzen müssen, das eine unvorstellbare Bürokratisierung bedeutet, enorme Mehrkosten. Die Controllerin eines deutschen Großkonzerns: »Erst hieß es, mit der elektronischen Bilanz kommt das papierlose Büro. Durch SOA aber werden nun alle Bestätigungen ausgedruckt und müssen zehn Jahre aufbewahrt werden. Ein Irrsinn.« Die Kosten für ihr Unternehmen schätzt sie auf »mehrere hundert« Millionen, die sich auf interne Stabsabteilungen für Compliance, auf die externen Auditors, auf Rechtsanwälte und Unternehmensberater verteilen. Ein gigantisches Geschäft, das die Gewinne der europäischen Unternehmen schmälert. Kaum eine europäische Aktiengesellschaft, die für internationale Investoren attraktiv sein möchte, verzichtet auf die Zweitbilanz nach US-GAAP und die Testate nach SOA. Der Schaden ist schwer zu schätzen, aber wenn alleine die 30 DAX-Unternehmen im Schnitt je 200 Millionen Euro jährliche Mehrkosten durch US-GAAP und SOA aufgehalst bekämen, wären das 6 Milliarden Euro im Jahr – 48 Milliarden in den acht Jahren seit der Einführung. Bei 500 europäischen Großunternehmen, die Wert darauf legen, dass ihre Aktie in den Portfolios der Top-US-Vermögensverwalter wie Vanguard oder State Street gehalten wird, und die vollständig nach US-GAAP und SOA eine zweite Rechnungslegung aufgebaut haben, könnten die Kosten leicht 100 Milliarden Euro pro Jahr erreichen. Ein gigantisches Beschäftigungsprogramm für Wirtschaftsprüfer und Unternehmensberater, für Softwareanbieter wie SAP und Oracle, für internationale Anwaltskanzleien und Compliance-Spezialisten. Da europäische Unternehmen bekanntlich aufgrund ihrer seriöseren Bilanzierung erheblich weniger profitabel sind, werden mit den 100 Milliarden pro Jahr wohl etwa 30 Prozent ihrer Gewinne aufgefressen. Demnach könnten gerade die Europäer Niskanen dankbar dafür sein, dass er das monströse Gesetz abschaffen möchte. In den USA aber findet der Republikaner Niskanen dafür keine Mehrheit in Repräsentantenhaus und Senat. Ein Jahr nach seiner Forderung, kurz nach dem Ausbruch der Weltfinanzkrise, fand am 15. November 2008 in Washington das G20-Treffen statt. Auf diesem sollte besprochen werden, wie die G20-Staaten durch neue, vor allem aber internationale Regeln und Standards dafür sorgen können, dass weniger verborgene Risiken die Stabilität der Weltfinanzen gefährden können. Zu diesem Zeitpunkt hatte Deutschland bereits sein Finanzmarktstabilisierungsgesetz mit Bürgschaften in

Höhe von bis zu 480 Milliarden Euro verabschiedet. Gastgeber George W. Bush, durch die Umfragen im November bereits der sichere Verlierer der kommenden US-Wahl, erhielt am 13. November, 2 Tage vor seinem vielleicht letzten Weltgipfel, einen Brief des FASB. Er war von führenden Persönlichkeiten der US-Politik unterzeichnet, unter ihnen die Oppositionsführerin Nancy Pelosi. Das Außergewöhnliche an diesem Brief waren aber die obersten Namen der Unterzeichner: zunächst The Honorable Henry Paulson, Secretary, US Department of the Treasury, kurz, Bushs eigener Finanzminister. Als Zweiter unterzeichnet Benjamin »Ben« Bernanke, von George W. Bush selbst ernannter Präsident der US-Zentralbank. Eine Große Koalition der besonderen Art. Aufgestellt hat sie ein in der Öffentlichkeit weithin unbekannter Mann, Robert E. Denham, Brennans Vorgänger als Chairman der Financial Accounting Foundation. Auch über ihn möchten wir einiges wissen. Als Partner der Anwaltskanzlei Munger, Tolles & Olson LLP betreut er die Berkshire Hathaway von Warren Buffett und mehrere ihrer Töchter. Er war es, der die Einbringung von Buffets Vermögen in die Bill und Melinda Gates Stiftung betreute. MTO, wie diese Nr.-1-Kanzlei der USA, die 194 Anwälte beschäftigt, kumpelhaft in Insiderkreisen genannt wird, zierte 2009 das Titelblatt der Zeitschrift *The American Lawyer*. Denham diente als CEO der Investmentbank Salomon Inc. und als Direktor des Ölkonzerns Chevron. Als Einziger der prominenten Briefschreiber an den strauchelnden Präsidenten darf er seine Unterschrift unter das Dokument setzen. Vor allem eine weitere Funktion aber lässt Robert E. Denham im November 2008, kurz nach dem Ausbruch der Finanzkrise, kurz vor den US-Präsidentschaftswahlen, zu denen Goldman Sachs und andere Investmentbanken den Newcomer Barack Obama aufgestellt haben, als besonders wichtig erscheinen: Denham ist ein Aufsichtsrat der börsennotierten New York Times Company mit der Adresse 620 Eighth Avenue. Der wiederum gehört die *New York Times*, das wichtigste Blatt für den Präsidentschaftswahlkampf, der von der kleinen, lesenden Elite der Amerikaner völlig allein finanziert, organisiert und diskutiert wird. Die Aktie der NYT hat sich seit der Finanzkrise vom Tiefstand von 3 Dollar auf 12 Dollar Ende 2009 fast vervierfacht. Von einem frühen Herausgeber der *New York Times,* von John Swinton (1829–1901), ist folgendes Zitat aus einer Rede an seine Redakteure überliefert:

Ansatz, der es erlauben würde, Bilanzierungsstandards politischen Prozessen zu unterwerfen, Unsicherheit schafft, das Vertrauen der Investoren unterminiert und auf gefährliche Art die Vertrauenswürdigkeit des Finanzberichtswesens zu einem Zeitpunkt in Frage stellt, wo die Kapitalmärkte unter großem Druck stehen und mehr Transparenz benötigen.

Auf das IASB wurde politischer Druck ausgeübt, dringend seine Standards zu überprüfen und zu überarbeiten, speziell im Bezug auf die Standards der *»mark-to-market« (fair value)*-Betrachtung.

Die IASB ist deshalb bereits von ihren normalen Pflichten abgewichen, um auf diesen Druck hin so eine Revision durchzuführen und wurde von der Europäischen Kommission aufgefordert, weiter die Standards für verschiedene Finanzinstrumente zu überprüfen und ihre Überlegungen dazu rechtzeitig vor den Finanzberichten zum Jahresende abzuschließen.

Wir ermutigen die G-20, einen unabhängigen und soliden Standard, frei von politischer Einflussnahme zu unterstützen. Diese Unterstützung wird mehr zur Wiederherstellung des Vertrauens in die Finanzmärkte beitragen als gesetzliche Bilanzierungsvorschriften, die die Verlässlichkeit und Konsistenz der für Investoren verfügbaren Informationen verringern. Wenn Sonderinteressen dazu in der Lage sind, die Urteile von Bilanzspezialisten zu übergehen, die aus einem offenen und transparenten Prüfprozess entstanden, werden Investoren verständlicherweise besorgt über die verminderte Qualität und Verlässlichkeit der ihnen verfügbaren Finanzinformation sein.

Wir von der FAF sehen uns in der vollen Verpflichtung, alle Bestrebungen zur Wiederherstellung des Vertrauens in die Finanzmärkte zu unterstützen. Indem wir die besonderen finanztechnischen Herausforderungen frontal angehen, ermahnen wir die G-20-Nationen, auch weiterhin einen unabhängigen Prozess mit offenen

Rechtsstandards für US- und internationale Bilanzierung zu unterstützen.

Sincerely

Robert E. Denham
Chairman, Financial Accounting Foundation

Nicht nur dem Fachmann offenbaren sich in diesem Brief doch völlig ungewohnte Machtverhältnisse: Bereits im dritten Satz weist Denham das Sekretariat des Präsidenten an, diesen Brief an die G-20-Teilnehmer weiterzuleiten. Würde Bush dies verweigern, hieße das, dass der Brief von der FAF selbst versandt würde – eine unverschämte Vorgehensweise. Und eine massive Drohung. Gleichzeitig wurde mit diesem Brief Bush jede Möglichkeit genommen, auf diesem Gipfel irgendwelche übernationalen Antworten auf die Finanzkrise zu finden. Er degradiert Bush bei seinem letzten Gipfeltreffen zum Hampelmann seiner Finanziers, ja, seines eigenen Finanzministers Paulson und seines Notenbankchefs Ben Bernanke. Dass Letzterer auch unter Barack Obama weiterregieren würde, war offensichtlich am 13. November 2009 bereits bekannt. Paulsons Abschiedsgeschenk bestand in Finanzhilfen für die US-Finanzindustrie in Höhe von 700 Milliarden Dollar. Mit einem Privatvermögen von geschätzten 700 Millionen Dollar, das er u. a. auch als Vorstandsvorsitzender von Goldman Sachs aufbauen konnte, spielt er in der gleichen Liga wie Robert E. Denham und John J. Brennan. Alle drei gehören dem intimsten Insiderzirkel der US-Finanzindustrie an. Eines verbindet sie auch noch: Sie haben alle drei ihr Studium in Harvard absolviert. Wie George W. Bush. Auch Ben Bernanke, der Zentralbankchef studierte vier Jahre in Harvard. 1991 promovierte an der Harvard Law School auch noch ein Mann, dessen neuer Job offenbar bereits am 13. November 2008 feststand: Barack Obama.

Die Intervention auf dem G-20 Gipfel verlief äußerst erfolgreich. Die *lame duck*, die Marionette George W. Bush, veröffentlichte am 15. November 2008 im Namen der G-20-Nationen eine nichtssagende Erklärung. Als »mittelfristiges« Ziel wird darin auf Seite 4 vermerkt: »Die wichtigsten internationalen Körperschaften für Bilanzstandards sollen intensiv an dem

Ziel arbeiten, einen einzigen, hochwertigen und globalen Standard zu schaffen.«

Diese »wichtigsten Körperschaften« brauchte Bush nicht beim Namen zu nennen. Neben dem FASB gibt es noch das IASB, das die international anerkannten IAS-Bilanzstandards vorgibt. Das FASB und das IASB haben keine Pendants dieser Größenordnung in Deutschland, Japan oder Frankreich. Auch das in London ansässige IASB wird – wie sein Vorbild FASB – von einer Stiftung getragen, der IASCF. Diese wurde am 6. Februar 2001 ausgerechnet im US-Steuerparadies Delaware gegründet. Dies ist insofern überraschend, weil sich die Stiftung selbst als not-for-profit cooperation bezeichnet, sie also durch den Sitz in Delaware scheinbar keinen ökonomischen Vorteil hat. Dieser Sitz könnte aber einen rein praktischen Grund haben, nämlich Kundennähe. Delaware, das sich selbst als First State bezeichnet, da es 1787 als erster Staat die Verfassung der USA ratifizierte, weist einige statistische Besonderheiten auf. Die 853 476 Einwohner, die sich hauptsächlich in Geflügelzucht und Fischerei betätigen, beherbergen nach eigenen Angaben »mehr als 850 000 Geschäftseinheiten«. Diese, so erklärt die Delaware-Agentur, hätten sich nach sorgfältiger Erwägung dafür entschieden, in Delaware ihre »rechtliche Heimat« zu wählen. Man könnte auch sagen: Delaware ist innerhalb der USA ein Ort, wo sich jene niederlassen, denen die USA insofern zu unfrei und zu kommunistisch sind, als der Staat Steuern fordert. Sie müssen sich aber gar nicht niederlassen: Für die Ansiedlung reicht laut dem Delaware General Cooperation Law ein Postkasten. Man möchte meinen, ein Postfach sei für große US-Unternehmen etwas wenig, aber die Unternehmensabteilung der Regierung von Delaware verkündet, dass trotzdem mehr als 50 Prozent aller publizitätspflichtigen US-Gesellschaften und gar 63 Prozent aller Fortune-500-Unternehmen ihren Sitz in Delaware hätten. Beispiele? General Motors, Coca-Cola, Walt Disney, McDonald's, Google. Reicht das? Man spricht deshalb auch von einem Delaware-Effekt, wenn es um die Bilanzierung von großen internationalen Gesellschaften geht.

Die IASCF, die aus »Spenden« getragene Stiftung mit der Postanschrift 1209 Orange Street, Wilmington, New Castle County, Delaware 19801, USA, die das IASB finanziert – und damit die internationalen IAS Bilanzstandards setzt – hat weder Telefon noch Fax noch E-Mail.

Um zu verstehen, was an Delaware so unglaublich attraktiv ist, kann man einfach auf der Website von Delaware unter »Services« die Option »Pay Taxes« wählen. Zu deren Berechnung reicht es, einen »Annual Report« bis zum 1. März des Folgejahres online einzureichen. Für diesen gilt keiner der aufwendigen IAS- oder SOA-Standards, auch kein US-GAAP. Der Annual Report kann eine einfache Überschussrechnung sein. Die voraussichtliche Steuerschuld erfordert weder prophetische Fähigkeiten noch Steuerberater, Wirtschaftsprüfer und Anwälte. Die Steuer richtet sich nämlich gar nicht nach den Kennzahlen des Unternehmens, etwa seinen Gewinnen oder Verlusten, sondern nur nach der Anzahl der ausgegebenen Aktien. Eine Gesellschaft, die unter 5000 Aktien im Umlauf hat, bezahlt den Mindeststeuersatz von 75 Dollar – jährlich! Zum Vergleich: In Österreich beträgt der Mindestsatz eines Unternehmens für Körperschaftssteuer 1800 Euro im Jahr. Nun ist für Coca-Cola oder Warren Buffetts Lieblingsfirma McDonald's nicht der Mindeststeuersatz in Delaware so interessant, sondern doch mehr der Höchstsatz: Er beträgt exakt 180 000 Dollar. Dafür sollte man schon ein paar Aktien im Umlauf haben, denn in der Beispielrechnung der Delaware Agency kann man einfach je 1 Million Aktien mit 350 Dollar multiplizieren und kommt dann auch auf den Steuersatz. Wenn man also gerne den Höchstsatz bezahlen möchte, sollte man darauf achten, mindestens 514 285 714 Aktien unters Volk zu bringen, also bei einem Kurs von 10 Dollar je Aktie einen Börsenwert von 5 Milliarden Dollar zu haben. In Österreich zahlen 100 Kleinunternehmen mit einem Umsatz von je 100 000 Euro pro Jahr die gleiche Menge an Körperschaftssteuer.

Die Ansiedelung der Stiftung für Internationale Bilanzstandards in Delaware könnte ein Hinweis darauf sein, warum Delaware in der Liste der Steueroasen, die von der OECD verbreitet wird, bis heute nicht enthalten ist: Delaware ist keine Oase in einer Wüste, sondern buchstäblich ein Regenwald am Südpol.

Wie ist die IASCF-Stiftung, die die internationalen Bilanzierungsstandards liefert, organisiert, und wer sind ihre Vertreter?

Ein Board of Trustees stellt – wie bei der FAF – die Finanzierung durch »Spenden« und »Erträge aus Veröffentlichungen« sicher. Neben einigen in Ehren emeritierten Granden sitzen im Board of Trustees der Stiftung eben die Chefs jener Wirtschaftsprüfungsgesellschaften, die fast ausschließlich von den US-GAAP-Vorschriften und dem Wahnsinnsaufwand durch den SOA am Leben gehalten werden:

- Philip A. Laskawy, ehemaliger Aufsichtsratsvorsitzender von Ernst & Young
- Samuel DiPiazza, Vorstandsvorsitzender von PricewaterhouseCoopers
- Marvin Cheung, ehemaliger Aufsichtsratsvorsitzender von KPMG Hong Kong

Auf der Website wirbt gleich ganz oben ein Großspender: Deloitte, ein weiterer der Top Ten der internationalen Wirtschaftsprüfer. Deloitte unterhält der Einfachheit halber auch gleich die Website www.iasplus.com. Dazu kommen der ehemalige Vorstandsvorsitzende der US-Finanzproduktüberwachung NASD, Robert Glauber, und der Vorstandsvorsitzende des Asset Management Anbieters TIAA-Creff, David Sidwell, vormals CFO von Morgan Stanley. Weiterhin im Board of Trustees: Antonio Vegezzi, Schweiz, Präsident einer Firma mit dem aussagekräftigen Namen Capital International SA. Eine Firma dieses Namens ist aber in der Schweiz auch nach Recherchen nicht mehr auffindbar. In einem Dokument von 2008 wird sie als Teil der The Capital Group Companies in wirren Verschachtelungen erwähnt. Die Spur von Antonio Vegezzi führt ins Tessin, wo er seit einigen Semestern als einfacher Dozent der University of Lugano geführt wird. Sein Fach: Analisi di bilancio. Fast alle Trustees wurden im Jahre 2005 ernannt. Ihre Amtszeit reicht bis 2011/2012. Nicht ein Einziger wurde in Zusammenhang mit der Weltfinanzkrise gebracht.

Zusammen mit den ehemaligen Vorständen von Salomon und Goldman Sachs und dem Anwalt von Warren Buffett sind diese Persönlichkeiten nun jene, die bei dem G20-Treffen mit der Hausaufgabe betraut wurden, weltweit einheitliche Bilanzierungsregeln zu erarbeiten und vorzulegen.

Man muss kein Verschwörungstheoretiker sein, wenn man nach dem Blick auf das FASB und das IASB feststellt: Es ist völlig ausgeschlossen, dass deren Vertreter ein anderes Interesse verfolgen, als John J. Brennan, der Chairman der FAF und Vorstandsvorsitzende von Vanguard, als oberstes Credo für seine Kunden verkündet: »Unsere Mission ist es, die finanziellen Ziele unserer Kunden dadurch zu erreichen, dass wir weltweit der hochwertigste Anbieter von Investmentprodukten und -Diensten sind.« Man kann dann einfach statt Investmentprodukte »Bilanzierungsstandards« einsetzen – und dabei bitte die »Dienste« nicht vergessen!

II.4 Der Wirtschaftsnobelpreis – der größte Betrug der Wissenschaftsgeschichte?

Der Nobelpreis für Wirtschaft wurde vom Stifter Alfred Nobel nie vorgesehen. Er wurde angeblich anlässlich des 300-jährigen Bestehens der Schwedischen Reichsbank Sveriges Riksbank im Jahre 1969 zum ersten Mal vergeben.

Um zu verstehen, warum ausgerechnet die Schwedische Reichsbank so einen Preis vergibt, kann man einen einfachen Weg wählen: Man lese einfach die Rubrik »Antwort der Schwedischen Reichsbank auf die Turbulenzen der Weltfinanzen« auf ihrer Website. Dieser ehrliche Titel sagt viel über das Geschäft, das die Schweden dort betreiben. In entwaffnender Offenheit legt die Schwedische Reichsbank dar, was in Deutschland und den USA ein gut gehütetes Geheimnis ist: Die internationale Finanzwirtschaft steht vor dem völligen Kollaps. Verzweifelt bitten die Amerikaner fast täglich um die Versteigerung von amerikanischen Staatspapieren. Dabei werden ansehnliche Provisionen fällig. Doch wie katastrophal der Markt in Wirklichkeit ist, zeigt folgender Bericht der Schwedischen Reichsbank vom 15. September 2009:

Today's auction of credit in US dollars with a maturity of 84 days has now been completed

DATE 15/09/2009

Today, the Riksbank offered US dollars through a tender auction. The amount offered today to the primary monetary policy counterparties was USD 5 billion.

No bids were received in the auction.

Additional information was published today at 2:00 pm CET/CEST in SAXESS/OMFIE on page RIKV.

CONTENT EXPERT

General Secretariat

LAST REVIEWED
15/09/2009

Am 9. August konnten die Schweden von 10 Milliarden Dollar immerhin noch eine an den Mann bringen. Nun ist es aus. Diese Meldung ist die Bankrotterklärung: Nicht ein einziger Bieter möchte einen kurzfristigen Dollarkredit über 5 Milliarden Dollar mit einer Laufzeit von 84 Tagen zeichnen. Wie Junkbonds kreisen US-Staatsanleihen um die Welt. Längst schon werden die neuen US-Staatsanleihen nur noch von Intragovernmental Agencies, also von US-Staatsinstitutionen selbst, und von der US-Notenbank gezeichnet: Gelddruck in seiner reinsten Form.

Was aber hat diese Notlage mit dem ehrwürdigen Nobelpreis für Wirtschaft zu tun? Zunächst ist die Schwedische Reichsbank zwar der Sponsor des Preises – nicht die berühmte Alfred-Nobel-Stiftung –, ausgewählt aber werden die Preisträger von der Königlichen Schwedischen Akademie der Wissenschaften. Sie wurde ursprünglich nach dem Vorbild der englischen Royal Society of Sciences gegründet und hatte vor allem das

Ziel, Naturwisenschaften und Mathematik zu fördern. Im Jahre 2008 erhielt der US-Ökonom Paul Krugman den Nobelpreis für Wirtschaft. Und er erwies sich dessen als sehr würdig, denn am 27. August 2009, wenige Wochen vor der erfolglosen Versteigerung der US-Schrottpapiere durch die Schwedische Reichsbank, hatte Krugman in einem Leitartikel der *New York Times* erklärt, die USA seien im Verhältnis zu ihrem Bruttosozialprodukt noch sehr gering verschuldet. Sie könnten und sollten zur Stabilisierung der US-Wirtschaft ihre Schulden deshalb verdoppeln, wozu er Obama rate. Allen Ernstes führt Krugman als positive Beispiele dafür, dass auch eine viel höhere Verschuldung keine Finanzkrise herbeiführe, Italien und Belgien an, die mit je 114 und 118 Prozent ihres Bruttoinlandsproduktes verschuldet seien, aber durch die Krise nicht getroffen worden seien. Haben sich also alle getäuscht, die glaubten, die Weltfinanzkrise 2008 sei durch ein zu großes Schuldenwachstum entstanden?

Belehrt uns ein Nobelpreisträger, wie mit der schwierigsten Materie der Weltwirtschaft, mit Schulden in vierhundertfacher Höhe des Zentralbankgeldes aller Zentralbanken der Welt, richtig umzugehen ist? Und wie sahen dies die Nobelpreisträger vor der Finanzkrise?

Am 10. Dezember 2006 hielt Nobelpreisträger Edmund D. Phelps seine Dankesrede vor der Schwedischen Akademie. Sie dauerte nur drei Minuten, sagt aber alles über den Nobelpreis. Er erwähnte kein einziges aktuelles Thema der Weltwirtschaft und stellte nur lakonisch fest: »In meiner Forschung war meine größte Entdeckung meine Frau Viviana.«

In einem Interview mit dem Vorsitzenden des Vergabekomitees, Prof. Jörgen Webull, gibt dieser etwas aussagekräftigere Antworten über die Gründe der Preisvergabe. Auf die Frage der Reporterin Marika Griehsel, welchen praktischen Beitrag Phelps' Forschung leiste, antwortet Webull mit einem Wort: »Arbeitslosigkeit«. Phelps, so Webull, habe die Annahme, es bestünde eine feste Wechselbeziehung zwischen Inflation und Arbeitslosigkeit, widerlegt, indem er den Human Factor einführte, dass nämlich Erwartungen der Marktteilnehmer im Hinblick auf die Entwicklung der Inflation, etwa in der Preisgestaltung und Investitionsstrategie, auch die Arbeitslosigkeit beeinflussen. »Zentralbanken und Regierungen machen heute ihre Berechnungen auf der Basis von Phelps' Modellen«, stellt Webull fest.

Wie gesagt: Das Ganze geschah Ende 2006. Wenn das nun gestimmt hat, dann müssten doch Phelps' Modelle komplett falsch sein, oder? Die Erwartungen der Marktteilnehmer auf den internationalen Finanzmärkten zeigten sich doch sehr deutlich in der US-Immobilienblase, in der explosionsartigen Vermehrung von strukturierten Finanzprodukten, dies alles begleitet von einer historisch niedrigen Inflation und niedrigen Zinsen, die seitdem sogar weiter gesunken sind. Dennoch hat sich die Arbeitslosigkeit in vielen Ländern seitdem verdoppelt. Es ist keine Rede, kein Kommentar, kein Essay von Phelps bekannt, in dem er auch nur entfernt darauf gekommen wäre, dass das von ihm so bezeichnete »Humankapital« auch dann im großen Stil abgebaut wird, wenn sich die Wirtschaft unbegrenzt mit billigem Geld versorgen kann. Phelps – und heute Krugman – haben übersehen, welche Wechselwirkungen zwischen Staatsanleihen, Währungen, Aktien und strukturierten Finanzierungen bestehen. Sie haben den Zentralbanken Ratschläge gegeben, die an den eigentlichen Problemen und Risiken vorbeigingen, denn all diese Vorgänge fanden ja trotz der Politik des billigen Geldes statt, wie man die Niedrigzinspolitik der Zentralbanken der letzten zehn Jahre bezeichnete.

Am 29. April 2009 lud die St. John's University Edmund Phelps zu einem Vortrag über die Finanzkrise ein. »Der Vortrag endete mit Dr. Phelps' Forderung nach einer Restrukturierung des Finanzsystems mit Gründung einer Klasse von Banken, die sich nur auf die Finanzierung von realen, industriellen Werten konzentrieren, nicht nur auf das Schaffen von Finanzwerten«, wird berichtet.

Von Arbeitslosigkeit, Erwartungen und Inflation sprach Phelps nicht mehr. Wenn es stimmt, was als Begründung zur Vergabe des Nobelpreises an Phelps angeführt wurde, nämlich dass seine Modelle von Regierungen und Zentralbanken »täglich« (Zitat Webull) zum Einsatz kamen, warum hätte er dann nicht auch ein für Zentralbanken praktikables Modell für die Trennung von realwirtschaftlichen und finanzwirtschaftlichen Finanzierungen entwerfen können?

Die Antwort fällt für Phelps und das Nobel-Komitee vernichtend aus: Selbstverständlich haben sich alle strukturierten Finanzierungen und Übernahmen in ihren Kalkulationen stets auf die Einnahmen aus der Realwirtschaft, auf den Cashflow aus Mieten, Raten und Zinszahlungen, Gebühren und Verkäufen gestützt. Diese Einnahmen bildeten die fiktive Eigenkapitalbasis jedes strukturierten Finanzproduktes, vielleicht einmal abgesehen von reinen Währungsfonds. Aber selbst diese basieren auf Einnahmeprognosen aus Rohstoffen, Handel und Produktion. Der Vorschlag von Phelps ist deshalb ebenso naiv wie unpraktikabel, denn es dürfte ja wohl nicht schwer sein, reine Finanzprodukte als Realprodukte zu deklarieren, also den Handel mit ihnen als realwirtschaftliche Finanzierung auszugeben. Würde man derart oberflächlich vorgehen und den Banken überlassen, was Finanzprodukte und was Real Assets sind, würde man kein bisschen mehr Transparenz und Sicherheit gewinnen.

Die Beispiele Paul Krugman und Edmund Phelps zeigen, dass die Begründung für die Vergabe des Wirtschaftsnobelpreises immer die gleiche ist: Der nobelwürdige Makroökonom hat Modelle entwickelt, die von Politikern und Zentralbanken gut geheißen und dann angewendet wurden. Solange es keine grundsätzliche Krise, sondern nur gerne als Zyklen abgetane Verwerfungen *(fractions)* gab, konnten diese Modelle nie widerlegt werden. Solange die führenden Volkswirtschaften, allen voran die USA, Wachstum ausweisen konnten, konnte ein offensichtlich positiver Einfluss der Politiker und ihrer Zentralbanken bescheinigt werden. Mit Muhammad Yunus hat 2005 zum ersten Mal ein Ökonom den Nobelpreis erhalten, der nicht nur etwas für die Regierungen und ihre Hausbanken, sondern auch für die Menschen getan hat, indem er Mikrokredite einführte. Er erhielt natürlich den Friedens-, nicht den Wirtschaftsnobelpreis.

Im Jahre 2001 erhielten drei US-Ökonomen gemeinsam den Wirtschaftsnobelpreis: George A. Akerlof, Michael Spence und Joseph Stiglitz für ihre »Analyse von Märkten mit asymmetrischer Information«. Als erste Ökonomen überhaupt widmen sich die drei der Tatsache, dass in allen ökonomischen Vertragsbeziehungen hidden intentions bestehen, wobei einer der Vertragspartner Informationen zurückhält, die erst nach dem vollzogenen Kauf oder Vertrag bekannt werden – dadurch verschafft sich dieser Vertragspartner einen Vorteil. Man könnte das auch als eine der ersten offiziellen Informationen darüber bezeichnen, dass Cheatonomics existieren, Wirtschaftsformen, deren einzige Grundlage Täuschung und Betrug sind. Wären diese Erkenntnisse damals auf die gerade frisch entwickelten Asset Backed Securities angewandt worden, hätte die Finanzkrise möglicherweise verhindert werden können.

Wie kein anderer Ökonom steht Joseph Stiglitz, der 1995 bis 1997 Vorsitzender des Wirtschaftsbeirates von Bill Clinton und 1997 bis 2000 Chefökonom der Weltbank war, für eine verantwortliche Ökonomie, die die Belange der Entwicklungsländer und des Umweltschutzes berücksichtigt. Er fordert seit Jahren eine Weltwährung, eine Stärkung der Vereinten Nationen mit mehr Mitbestimmung für die Entwicklungsländer sowie eine Erhöhung der Ausgaben für Entwicklungshilfe. Stiglitz ist sozusagen der Good Guy der US-Nobelpreisträger für Wirtschaft.

Allerdings sind nun acht Jahre vergangen und von Stiglitz' Forderungen wurde nichts umgesetzt. Man kann das der Bush-Ära zuschreiben, aber auch nach einem Jahr Obama zeichnet sich nicht die geringste Veränderung in der internationalen Finanzpolitik der USA ab.

Stattdessen legte Stiglitz als Mitglied der Fitoussi-Kommission am 17. September 2009 einen Bericht vor. (Fitoussi war nach der Finanzkrise vom französischen Präsidenten Sarkozy beauftragt worden, neue Faktoren, insbesondere Klimaschädigung und Hausarbeit, in die Berechnung des Bruttosozialproduktes einzubringen.)

Der Bericht trug den Titel »Bericht an die Europäische Kommission über die Messweisen von ökonomischer Leistungsfähigkeit und sozialem Fortschritt«. Auf 292 Seiten zeigen Stiglitz und sein Nobelpreiskollege, der Harvard-Professor Amartya Sen, darin erstmals auf, wie sich die Miteinbeziehung von Lebenszufriedenheit und Hausarbeit auf das Bruttosozialprodukt auswirkt. Es dürfte dabei keine große Überraschung sein, dass nach dieser Berechnung das Bruttosozialprodukt der beiden hochverschuldeten Auftraggeberstaaten USA und Frankreich sogar noch steigt.

Es zeigt sich, dass die Nobelpreisträger der US-Universitäten als Berater von Weltbank, Zentralbanken und Regierungen auch nach der Finanzkrise ihren Teil dafür tun, die faktische Zahlungsunfähigkeit zu verschleiern und damit hinauszuschieben.

Die schwedische Reichsbank allerdings, die den Nobelpreis vergibt, zeigte sich durch den Fitoussi-Report nicht sehr beeindruckt. Erstmals vergab sie den Wirtschaftsnobelpreis nicht an die bewährten Harvard-Ökonomen, sondern an die weithin unbekannte Politologin Elinor Ostrom, die an der University of Indiana seit Jahrzehnten die Gemeingüter *(Commons)* erforscht. Diese Universität hat bisher als einzige der Welt 2007 ein Forschungspapier von mir veröffentlicht – *Reclaiming the Hidden Assets – Towards a Global Freeware Index* –, das unter folgendem Link abrufbar ist: http://dlcvm.dlib.indiana.edu/archive/00002112/

Die Ökonomenzunft war außer sich, wagte es aber nicht, das Nobelpreiskomitee zu kritisieren. Am 19. November 2009 geschah dann etwas, was man als den D-Day für US-Staatsanleihen bezeichnen könnte. An diesem Tag gab die Riksbank offiziell bekannt, das sie den Handel mit US-Staatsanleihen einstellen werde.

II.5 War die Weltfinanzkrise eine Bärenfalle?

Als ich am 15. September 2009 für den *Spiegel* ein bisschen zu Lehman recherchierte, stieß ich auch auf die erste Insolvenzanmeldung von Lehman Brothers. Verbindlichkeiten von 680 Milliarden Dollar standen darin Werten von 615 Milliarden gegenüber. Lehman hatte also wegen eines Differenzbetrags von 65 Milliarden Dollar Insolvenz beantragt, oder, etwas prägnanter formuliert: wegen eines Verlusts von 10 Prozent eines Jahresumsatzes. Aus der Sicht der Gläubiger bedeutete das theoretisch eine fast unglaubliche Befriedigungsquote von 90 Prozent. Wenn Unternehmen insolvent werden, gilt im Allgemeinen bereits eine Quote von 30 Prozent als sehr hoch. Normal sind 5 bis 7 Prozent. Vergleicht man das Lehman-Defizit mit anderen Defiziten, kommt man zu einem erstaunlichen Ergebnis. Sowohl der Anlagebetrüger Bernard Madoff wie die Schweizer

UBS verursachten nur Verluste in gleicher Höhe. Beide gelten aber nicht als Auslöser einer Weltfinanzkrise. Mehrere Staaten haben bereits erhebliche Rückflüsse aus ihren Bankgarantien verzeichnen können.

Eine einfache Frage kommt auf: War die Weltfinanzkrise gar keine solche, sondern nur eine Inszenierung, um günstige Aktieneinstiegskurse zu bekommen und den Vertrieb von Staatsanleihen zu fördern? Profitiert haben könnten von der Scheinkrise insbesondere zwei Gruppen:

- Staaten, die nun billig Banken aufkaufen und diese in Vertriebsstationen für Staatsanleihen verwandeln können.
- Großanleger, die Cash-Positionen gehalten haben und sich nun billig mit Aktien eindecken konnten, darunter die Banken selbst, die mit billigem Zentralbankgeld die abgewerteten Aktien aufkauften.

Im Idealfall sind beide Gruppen identisch: Der Staat übernimmt die Bank, gibt die Garantien und die Bank kauft nun mit eigenem Fondskapital zu historisch niedrigen Zentralbankzinsen die Aktien auf. Zugleich verabschiedet der Staat Gesetze, die die Bürger mehr oder weniger dazu zwingen, ihr Geld in Staatsanleihen anzulegen. Die Argumente »Altersvorsorge« und »Sicherheit«.

Eine derartig komplexe Spekulation kann nur aufgehen, wenn sehr viele Marktteilnehmer die Meldungen über die Finanzkrise derart ernst nehmen, dass sie den Verkauf ihrer Aktien trotz Verlusten anordnen, sich also bearish verhalten. Dazu muss eine regelrechte Panik erzeugt werden. Betrachten wir die weltweiten Meldungen zu Beginn der Finanzkrise im September 2008, die in der Meldung über die Insolvenz der Lehman-Bank gipfelten, so zeigt sich, dass tatsächlich eine Panik ausgelöst wurde – obwohl die eigentliche Insolvenzanmeldung von Lehman Brothers im Vergleich etwa zu den Insolvenzen von Enron und WorldCom eine ungeheuer gute Befriedigungsquote von 90 Prozent auswies. Aber wie konnten große Marktteilnehmer wie etwa Pensionsfonds dazu gebracht werden, ebenfalls in die Bärenfalle zu tappen? Waren sie eingeweiht und stellten somit durch eigene Verkäufe in der Anfangsphase des Crashs selbst die Bärenfalle, mit der Gewissheit, sobald der Markt um 50 Prozent eingebrochen war, im großen

Stil zukaufen zu können, bevor die Bullen ihn wieder auf das alte Niveau heben würden? Blicken wir dazu auf die sogenannten Volume Charts des Dow Jones Index, die uns Auskunft darüber geben, welche Aktien in welcher Menge an welchem Tag am meisten gehandelt wurden. Wenn der hier geäußerte Verdacht, die Weltfinanzkrise sei eine großangelegte Manipulation der Aktien- und Anleihenmärkte auch nur entfernt berechtigt sein sollte, müsste dies in den Volume Charts ablesbar sein. Das heißt: Die Gewinner müssten mit einer kurzen Lawine von Verkäufen die große Menge der Bären und Trittbrettfahrer dazu gebracht haben, in einer andauernden Verkaufswelle den Dow Jones Index immerhin um ungeheure 38 Prozent im Jahr 2008 sinken zu lassen. Da sich aber der Dow Jones bereits seit Jahren auf der Stelle bewegt – ein Grund übrigens dafür, durch die Investition in US-Immobilien die Real Estate Bubble aufzubauen –, ist eine solche Strategie insbesondere für solche US-Anleger möglich, die 1.) ihre US-Aktien in US-Währung gekauft haben, also durch eine Dollarschwäche nur bedingt gefährdet werden, und 2.) ihre Aktien sehr lange halten, sie also zu Zeiten erworben haben, da sie noch weit unter den nun erwarteten Kursen standen. Dies sind in erster Linie die großen Pensionsfonds und Vermögensverwalter wie State Street, die nach eigenen Angaben allein 17 Billionen Dollar under custody haben, in zweiter Linie die großen Privatvermögen von Warren Buffet, Bill Gates, Steve Jobs und all den US-Milliardären, die in der Vergangenheit selbst Aktien ausgeben konnten, die an Kapitalerhöhungen teilnehmen und Dividenden reinvestieren konnten. Ihre Rechnung sieht in etwa so aus: Sie lösen mit einem Verlust von etwa 10 bis 15 Prozent durch die Erstverkaufswelle eine Panik aus, die die Kurse bei einzelnen Titeln – etwa Banken – um bis zu 90 Prozent sinken lässt. In dieser Strategie können auch noch weitere 10 bis 15 Prozent Verlust durch Folgeverkäufe einkalkuliert werden, denn wenn beispielsweise die Aktie der Citibank wie geschehen bei 1,20 Dollar steht, die Markttreiber, die die Bärenfalle stellten, aber wussten, dass die US-Regierung und die Fed die Citibank retten würden, könnten sie mit ihrem Einstieg zum Tiefstkurs sehr schnell 100, 200 oder sogar 400 Prozent Gewinn machen.

So verrückt es klingt: Ein kalkulierter Crash vieler großer Aktien ist für den Großanleger dann sinnvoll, wenn er über so viel politischen Einfluss verfügt, dass er Regierungen mit Berufung auf eine Systemkrise, also auf eine Ausweitung der Kapitalkrise auf Staatsanleihen, dazu zwingen kann, bankrotte Unternehmen zu retten. In der Sowjetunion und der DDR geschah genau dies, ohne dass allerdings private Vermögen davon profitieren konnten. Die Aufrechterhaltung völlig lebensunfähiger Industrien und Dienste war im Sozialismus das Hauptelement sozialer Gerechtigkeit. Nun wird sie ein Weg, in einer zumindest in den westlichen Industrieländern wachstumsfreien Marktwirtschaft wenigstens an den Schwankungen der Aktien-, Immobilien- und Anleihenmärkte zu verdienen.

Der Finanzwissenschaftler Dirk Solte hat bereits vor der Finanzkrise das Szenario eröffnet, große Marktteilnehmer könnten die Liquidität derart verknappen, dass kleinere und dümmere ihre Werte verkaufen müssen. Mit ihrem noch vorhandenen, mindestens zehnprozentigen Barkapital könnten sie dann die entwerteten Aktien und Immobilien der Realwirtschaft zu Schnäppchenpreisen erwerben.

Eine solche konzertierte Aktion der Panikauslösung und Wertvernichtung kann allerdings nicht ohne die Hilfe der Politik auskommen. Sie ist nur in solchen Staaten möglich, in der die Politik fast ausschließlich die Interessen der Kapitalinhaber vertritt.

Es ist interessant, im Verlauf der Finanzkrise nicht nur zu betrachten, welche Staaten größere Bankenhilfen gegeben haben, sondern insbesondere, welche Staaten keine Bankenhilfen gaben.

Für viele überraschend finden sich kaum asiatische Länder unter den Bankenhilfestaaten und in Europa fehlt Italien. Italien? Seit Jahrzehnten lernen wir, dass Italien mit über 100 Prozent seines Bruttosozialproduktes verschuldet ist und die italienische Politik als Hort der Mafia und der Korruption gilt. Und gerade dieses Italien soll nicht von der Finanzkrise betroffen sein? Die Antwort ist nicht spektakulär, aber dennoch bemerkenswert: Das staatslastige Italien hat sich selbst wenig an den internationalen Finanzmärkten beteiligt. Die Alterversorgung ist staatlich, es gibt nur wenige private Pensionsfonds. Die deutschen Staats- und Landesbanken wurden von der Initiative Finanzstandort Deutschland, die von den US-Investmentbanken finanziert wurde, in gefährliche US-Anlagen getrieben. Im Gegensatz dazu haben sich die Italiener zurückgehalten. Zur Belohnung wurde kurz nach der Finanzkrise der italienische Zentralbankchef Vorsitzender des Basler Ausschusses für Bankenaufsicht. Es sei hinzugefügt: Es gibt in Italien auch keine Fonds und Privatanleger, die eine derartige Bärenfalle stellen könnten oder wollten. Das mittelständische Italien hat wie Belgien, die Niederlande und die skandinavischen Staaten mit Ausnahme von Island der Bärenfalle getrotzt. Dennoch haben etwa der norwegische Staatsfonds, die Swedbank und Fortis in Holland in der Krise kräftig Federn gelassen.

Für die großen Profiteure der Weltfinanzkrise beginnt nun die zweite Phase der Wertschöpfung: die Bullenfalle. Durch die Verdoppelung der Kurse vieler Aktien im ersten Halbjahr 2009 ist für sie nun schon wieder der Verkaufsmoment gekommen, während nun erst die Wirtschaftspresse und die Chefvolkswirte der Banken oder Dirk Müller zum Kauf raten mit dem Argument, man könne sich nicht gegen den Strom stellen. Buffett und die Pensionsfonds dürfte das sicher sehr freuen, denn sie können nun in Ruhe darauf warten, bis sich der neue Bullenmarkt ausreizt und den Kleinen die Puste ausgeht. Sie müssen ihre Aktien dann bald wieder zu niedrigen Kursen verkaufen.

II.6 Warum das Ausbleiben des Crashs ein Rätsel ist

In der Literatur seit der angeblichen Weltfinanzkrise im Oktober 2008 wurde versucht, Gründe für den zeitweisen Einbruch im Weltfinanzsystem zu finden.

Dabei wurden im Wesentlichen drei Gründe genannt:

1) Durch die Politik des billigen Geldes, also durch die Niedrigzinspolitik der US-Notenbank, wurden die Märkte mit Liquidität überflutet, was zum Eingehen hoher Risiken ermunterte.
2) Durch Anreizsysteme wie Boni und Aktienoptionen wurde die Gier von Teilnehmern der Finanzmärkte gefördert, die daraufhin zu große Risiken eingingen.

3) Durch fehlende Überwachung der internationalen Finanzmärkte entstanden Produkte und Risiken, die nicht mehr abschätzbar waren, weil die Absicherungssysteme zu komplex wurden.

Alle drei Gründe allerdings sind in keiner Weise eine abnorme Abweichung vom *common sense* des Wirtschaftslebens. Dass Zentralbanken günstiges Geld zur Verfügung stellen, gilt als unverzichtbare Basis der Finanzwirtschaft, die ja mit diesem billigen Geld wiederum die Investition in der Realwirtschaft finanzieren und damit Wachstum sichern soll. Ohne billiges Geld würde die Finanzwirtschaft drastisch schrumpfen, da ihre Eigenkapitalbasis mit Ausnahme der von einigen Privatbanken viel zu gering ist, um Ausleihungen an Wirtschaftsunternehmen in einem volkswirtschaftlich relevanten Rahmen zu ermöglichen.

Der private Anreiz, durch überdurchschnittliche Leistung auch überdurchschnittlich zu verdienen, gilt als anthropologische Grundbedingung allen Wirtschaftens. Als *self interest hypothesis* bestimmt sie alle Forschungen über den *homo oeconomicus*. Ohne eine gehörige Portion ganz persönlich gelebter Gier sind weite Teile des Wirtschaftslebens in Frage gestellt, weil die Dynamik der Wirtschaft ja nicht nur auf Innovation und schöpferischer Kraft beruht, sondern auch auf Destruktion und Zerstörung, heute vornehm als Strukturwandel bezeichnet. Ohne Wettbewerb aber würde dieser ständige Prozess der Marktverdrängung, des Kommens und Gehens von Märkten und Unternehmen, zum Erliegen kommen. Es erginge dann den Märkten wie einst der DDR: Mit der künstlichen Aufrechterhaltung von marktfreien Strukturen bräche schließlich das Gesamtsystem zusammen, da heute niemand mehr autark wirtschaften kann. Gerade die Finanzwirtschaft braucht ganz besonders Menschen, die ihren persönlichen Gewinn und den ihres Institutes über alle anderen Güter stellen. So ist es auch nicht überraschend, was Alexander Dibelius, der Chef von Goldman Sachs Deutschland, 2010 auf einer Rede in der Wirtschaftshochschule WHU in Vallendar aussprach: »Banken, insbesondere private und börsenfinanzierte Institute, haben keine Verpflichtung, das Gemeinwohl zu fördern.«

Seine Äußerung wurde sofort von Politikern kritisiert. Aus seiner auf Englisch gehaltenen Rede wurden public goods, öffentliche Güter, als Gemeinwohl übersetzt. Bis heute gilt es als selbstverständlich, dass nur eine prosperierende Privatwirtschaft jene Steuermittel zu erwirtschaften vermag, die dann im Füllhorn der öffentlichen Güter als Dividende ausgeschüttet werden. Dibelius schränkte dann noch ein, man müsse überzogene Risiken vermeiden, was allerdings eine unsinnige Vorstellung ist, denn ob Risiken zu groß waren, weiß man ja immer erst hinterher.

Das dritte Argument der fehlenden Überwachung steht ebenfalls auf schwachen Füßen. Wenn nämlich beispielsweise die vorgeschriebene Eigenkapitalquote erhöht würde, würde die Kreditvergabe abnehmen, was in erster Linie den Mittelstand trifft, nicht die Großunternehmen und den kreditsaugenden Staat. Das deutsche Finanzministerium schrieb mir im September 2009, nachdem ich für den *Spiegel* recherchiert hatte, wie das Finanzministerium im Juni 2008 gegen die strengeren Vorschriften der Basler Bank intrigiert hatte, dass man weiter strukturierte Finanzprodukte zur Stärkung der Volkswirtschaft für unverzichtbar hielte.

Wir können also feststellen: Alle drei Gründe, die für den Ausbruch der Weltfinanzkrise angegeben wurden, billiges Geld, Boni-Gier und fehlende Überwachung, sind in keiner Weise beseitigt worden. Abgesehen davon, dass dies ja den Grundprinzipien der Marktwirtschaft und der ökonomischen Anthropologie des Egoismus widerspräche, wirft es eine weitaus interessantere Frage auf: Ist nicht das Ausbleiben eines wirklichen Crashs weitaus rätselhafter als sein Eintreffen?

Wenn wir tatsächlich Faktoren identifiziert hätten, etwa Bewertungsblasen, von denen wir sicher sagen könnten, dass sie in absehbarer Zeit einen Crash herbeiführen werden, dann könnten wir doch diese Faktoren kontrollieren und ihre schädliche Wirkung präventiv aufheben. Tausende teurer Think-Tanks würden bereits dadurch wirtschaftlich, dass sie helfen, große Verluste zu vermeiden. Die Vorhersage eines großen Crashs aber erfordert weniger eine Kenntnis der Wechselwirkung von Finanzierungsinstrumenten als die des voraussichtlichen Verhaltens der Marktteilnehmer. Werden sie Währungen, Gold oder Aktien, Staats- und Unternehmensanleihen panikartig unter Verlusten veräußern? Werden sie also genau das Wissen über den Haufen werfen, das ihnen Ökonomen seit Generationen eingetrichtert haben, dass nämlich die Wirtschaft in zyklischen Wellen als ständiges Auf und Ab funktioniert? Wenn sie nämlich dieses Wissen ernst nehmen würden, würden sie doch wohl abwarten, bis die Krise oder der Zyklus vorübergegangen ist! Die Entwicklung der Wirtschaft kennt nämlich keine Finalität, sondern nur den ständigen Wandel. Nicht wenige Staaten der Erde haben überhaupt keine Währungsreform erlebt, etwa die Vereinigten Staaten und die Schweiz. Die postsozialistischen Staaten, unter ihnen China, sind zu einem Zeitpunkt in die kapitalistische Weltwirtschaft eingetreten, zu dem ihre westlichen Konkurrenten, allen voran die USA, bereits hoch verschuldet waren.

Was aber gegen das Auf und Ab von Zyklen spricht, ist ein komischerweise selten erwähntes Beispiel der Weltökonomie, nämlich der japanische Aktienmarkt. Japan war jahrzehntelang die zweitstärkste Wirtschaftsnation der Welt. Der Nikkei-Index der 225 führenden Unternehmen Japans hat im Jahr 1989 40 000 Punkte gezählt. Es gab damals weltweit eine Fülle von Prognosen, die eine Korrektur vorhersagten. Aber kein einziger Analyst hat 1990 vorausgesehen, dass der Nikkei bis auf 8000 Punkte sinken würde und sich mit einem Kurs um die 12 000 Punkte auch nach 21 Jahren (!) nicht wieder erholen würde. Noch im Jahre 2005 fragten Analysten angesichts des Debakels des Nikkei: »Kann ein Bärenmarkt 14 Jahre andauern?« Nun dauert er 20 Jahre an und es gibt nicht die geringsten Anzeichen dafür, dass sich der Aktienindex dieses ökonomisch und politisch doch sehr stabilen und disziplinierten Landes je wieder erholen könnte. Inzwischen wird man argumentieren, die Aktienmärkte von China saugten das Kapital auf, aber in japanische Aktien ist auch früher nur wenig ausländisches Kapital geflossen – sie werden überwiegend von den Mitarbeitern und Pensionskassen Japans gehalten –, wie Japan auch kaum Auslandsschulden bedienen muss. Mit einer Verschuldung von 185,3 Prozent des Bruttosozialproduktes im Jahre 2009 ist Japan zumindest statistisch das am höchsten verschuldete Land der Welt. Allerdings bezahlen die Japaner dafür nur einen Zins von 1 Prozent, also nur ein Drittel des Zinssatzes für deutsche Staatsanleihen. Es ist als Crashszenario doch sehr unwahrscheinlich, dass ausgerechnet die gutorganisierten und fleißigen Japaner ihre internen Minizinsen einmal nicht mehr bezahlen können.

Was lernen wir daraus?

Ein Crash kann auch dauerhaft ausbleiben, wenn er nicht durch einen Krieg oder eine Naturkatastrophe herbeigeführt wird.

Eine Volkswirtschaft kann auf ein Viertel ihres Wertes sinken, ohne dass sich die Arbeitslosigkeit erhöht oder ihre Stellung auf dem Weltmarkt verloren geht.

Eine Volkswirtschaft kann sich nach einer Abwertung auch nie wieder erholen. Das heißt: Wirtschaft verläuft nicht zyklisch.

Erkenntnis Nummer 3 ist für die staatlichen wie für die Wirtschaftsforschungsinstitute schlichtweg nicht hinnehmbar. Sie vertreten noch immer die Theorie der Konjunktur, das heißt einer aus der Astronomie entlehnten Hoffnung auf die ewige Wiederholung von Sternbildern im Jahresverlauf.

Wenn wir nun als gute Crashforscher die bereits erwähnte, umgekehrte Frage stellen, nämlich »Warum findet eigentlich kein völliger Crash statt?«, können wir uns der Geschichte der Crash-Vorhersagen widmen. Was wäre zum Beispiel, wenn wir 2008 kurz nach dem Lehman-Crash folgenden herbstlichen Dialog zwischen dem US-Finanzminister, dem US-Präsidenten und dem US-Notenbankchef gelesen hätten:

> **Finanzminister:** Wir haben keine Wahl. Die Bundesreservebank muss eingreifen. Mit allem, was sie hat. Wenn die Franzosen und die Saudis und die Schweizer und die Deutschen unsere Wechsel verkaufen, wird die Zentralbank sie kaufen müssen. Weil sonst keiner da ist. Wenn wir nicht einspringen, bricht der Markt zusammen. Völlig.
> **Präsident:** Das darf nicht geschehen.
> **Notenbankchef:** Augenblick mal. Wissen Sie eigentlich, wovon Sie reden?
> **Finanzminister:** Ich denke schon.
> **Notenbankchef:** Ich glaube nicht. Wenn wir anfangen, Schatzscheine aufzukaufen, überfluten wir den Markt mit Bargeld.

Finanzminister: Ja, um Himmels willen, das ist doch genau das, was wir brauchen.

Notenbankchef: Begreifen Sie denn, was Sie da sagen? Das ist kein Geld, das wir aus Steuern oder Anleihen schöpfen. Sie schlagen vor, dass wir einfach Milliarden über Milliarden neues Geld drucken und es auf den Markt werfen.
Finanzminister: Genau.
Notenbankchef: Begreifen Sie denn nicht, wohin das führen könnte? Wissen Sie, was in den 20er Jahren in Deutschland und Österreich passierte, als die Regierungen das dort versuchten? Die darauffolgende Inflation war ...
Präsident: Hören Sie, meine Herren. Ich will von diesen Theorien – Inflation und Gelddrucken und dieses Zeug – nichts mehr wissen. Ich will Taten sehen. Ich werde nicht zulassen, dass die Märkte, auf denen die Effekten der Regierung der Vereinigten Staaten umgesetzt werden, zusammenbrechen. Punktum. Und ich werde nicht zulassen, dass weitere Banken in unserem Land zusammenkrachen. Haben Sie mich verstanden?

Es würde uns nicht überraschen, wenn ein Dialog dieser Art zwischen Obama, Bernanke und Geithner auch 2009 stattgefunden hätte. Das Besondere an dem hier zitierten Dialog aber ist, dass er im Jahre 1976 unter dem Titel *The Crash of 79* veröffentlicht wurde. Das Buch wurde aus dem Amerikanischen übersetzt und erschien in Deutschland 1978 unter dem Titel *Crash 81 – Der große Schock*. Es verblüfft durch eine für einen Autor von Finanzthrillern völlig unerreichbare Detailkenntnis der Finanzmärkte, ihrer Protagonisten und ihrer Geschichte. Ein weiterer Satz, der einem Herrn Meier vom Schweizer Bankverein in den Mund gelegt wird, verblüfft: »Wir raten unseren schweizerischen Kunden, ihren Aktienbesitz in den Vereinigten Staaten zu liquidieren.«[7] Zum Zeitpunkt der Veröffentlichung seines Buches begannen die Schweizer Banken überhaupt erst, massiv in den USA ihre Filialen aufzubauen. Zu keinem Zeitpunkt seit 1976 sind je von Schweizer Bankiers Zweifel an US-Staats-

7 Erdman, Paul: Crash '81 – Der große Schock. Frankfurt am Main 1978, S. 301.

anleihen und US-Aktien geäußert worden – bis im Oktober 2009 der Mitinhaber der Wegelin-Privatbank und Vorsitzende der Schweizer Bankiersvereinigung, Konrad Hummler, in seinem spektakulären Essay Abschied von Amerika als Erster genau diese Liquidation ankündigte. Er begründete dies auch mit der rechtlichen Situation in den USA, die die Gefahr einer Beschlagnahmung ausländischer Vermögen in US-Werten beinhalte. Verrückt: Genau dieses Szenario steht auch in dem Buch von 1978, mit Zitierung eben jener US-Gesetze, die dies im Falle eines nationalen Notstands erlauben.

Wer konnte damals derart präzise eine Situation beschreiben, die erst 33 Jahre später so eintreten würde? Und warum hat dieser Autor nicht den Wirtschaftsnobelpreis bekommen, sondern ist der Öffentlichkeit völlig unbekannt?

Paul E. Erdman starb am 23. April 2007 und konnte nicht mehr erleben, wie sein Szenario von 1978 eintraf. Der in Kanada geborene Finanzautor promovierte an der Universität Basel und gründete als erster Amerikaner in der Schweiz eine Bank: Die United California Bank in Basel. Nach deren Zusammenbruch aufgrund von Spekulationen mit Silberkontrakten kam er in Haft. In den acht Monaten, die er im Basler Kerker verbrachte, begann er zu schreiben. Nach der Zahlung einer 1970 enormen Strafe von 13 000 US-Dollar verließ er die Schweiz – gerade rechtzeitig, denn er wurde dort in Abwesenheit zu neun Jahren Gefängnis verurteilt. In den USA machte er sich als Autor von Finanzthrillern einen derartigen Namen, dass die *New York Times* zu seinem Ableben einen Nachruf verfasste. Warum die Schweiz nie ein Auslieferungsgesuch für ihn an die USA gerichtet hat? Wir wissen es nicht.

Für die junge Disziplin der Crashologie aber ist Erdmans Werk ein geradezu magischer Fundus. Erdman nämlich beschreibt in seinen Thrillern Szenarien, die aufgrund von Wechselwirkungen innerhalb der internationalen Finanzwirtschaft eintreten, nicht als Naturereignisse. Er beschreibt die Nahostkriege als zentrales Moment der Ölpreissteuerung, verfolgt dann die Anlage der Ölgewinne in US-Staatsanleihen und begleitet die damals gerade erst explodierende amerikanische Staatsverschuldung, die über militärischen Druck quasi als Schutzgeld an Vasallenstaaten wie Deutschland und Saudi-Arabien weitergereicht wird. Nur China existierte 1978 noch nicht als globale Wirtschaftsmacht. Wir können nun mindestens folgende zwei Fragen stellen:

1. Wenn Paul E. Erdman bereits 1978 präzise voraussah, dass der Handel mit US-Staatsanleihen zum Erliegen kommen könnte und sich die US-Regierung daraufhin entscheidet, ihre eigenen Staatsanleihen aufzukaufen bzw. in Kommission selbst zu zeichnen – warum haben dies die Nobelpreisträger für Wirtschaft nie entdeckt und erforscht?
2. Wenn ein literarisch beschriebenes Szenario derart komplexer Zusammenhänge der Finanzwirtschaft realistisch sein kann, dann möglicherweise auch die letzte Passage seines Buches: »Denn jetzt war die Welt gezwungen, mit einem Bankenapparat zu leben, der in Scherben lag, mit einem Währungschaos und der Aussicht, mit der Hälfte ihrer früheren Ölreserven ihr Auskommen finden zu müssen. Allmählich begannen die Lichter weltweit zu flackern und zu erlöschen. Der große Schock 1982 war komplett.«

Tatsächlich aber begann 1982 erst die große Phase der Vervielfältigung der Staatsschulden in einer Hochzinsphase, in der jene Vermögen entstanden, die dann die Aktien- und Immobilienmärkte auf immer neue Höhen trieben, bis verschiedene, zerplatzende Blasen sie wieder etwas schmälerten. Dass der große Crash bis heute dennoch ausblieb, ist durch den Dialog zwischen Präsident, Finanzminister und Notenbankchef hinreichend erklärt. Es ist keine Bestätigung für die Gesundheit der wirtschaftlichen Prozesse, wohl aber für den Einfluss, den politische Entscheidungen entgegen aller Lehren dennoch auf die Wirtschaft haben. Dieser Einfluss erklärt, warum der US-Präsidentschaftswahlkampf so teuer ist und warum Unternehmen wie Privatpersonen in ihn investieren müssen: Weil auch sie alles dafür tun, damit ihre Märkte nicht zusammenbrechen.

II.7 Aktienkrise – aber für wen? Warum US-Aktien auch Crashs überdauern

Gerne werden uns derzeit die großen Aktiencrashs vorgeführt: der Schwarze Freitag 1929, der die Weltwirtschaftskrise auslöste; das Zusammenbrechen der angeblichen Internet- und New-Economy-Blase 2000 und 2001; schließlich der vermeintliche Crash vom Oktober 2008. Die Charts, auch die vergangenen, liegen offen. Wir können sie durchrechnen und unsere persönliche An- und Verkaufsstrategie daran messen. Hätten wir im tiefen Tal des Tiefststandes eine Aktie gehalten in der sicheren Gewissheit, dass sie sich erholen würde? Hätten wir weise beim Höchststand die Aktie verkauft? Kurz: Hätten wir stets geglaubt, dank besseren Wissens klüger als andere zu sein?

Der Aktienmarkt wird bereits seit seiner Entstehung als Casino bezeichnet. Im Casino gewinnt aber bekanntlich in erster Linie der Spielanbieter, also die Bank. Wie wir wissen, heißt das nicht, dass zeitweise nicht auch andere Spieler eine Glückssträhne haben können, sondern es sagt nur die statistische Grundwahrheit aus, dass die Chancen ungleich verteilt sind.

In dem Roman *Das Geld* des französischen Journalisten Émile Zola gelingt es dem bankrotten Spekulanten Saccard, in dem Eisenbahn-Hype um 1860 eine börsennotierte Eisenbahngesellschaft zu gründen. Ein erfahrener Ingenieur sorgt mit Plänen einer Eisenbahnlinie in den Orient für Seriosität, in Fachkreisen poetisch equity story, Wertgeschichte, genannt. Saccard bezahlt ihn sinnvollerweise gleich in Aktien. Im Taumel des sicheren Wissens über die Einführung und Verbreitung der damaligen Zukunftstechnologie Schienenverkehr verpfänden Witwen ihre Witwenrente, Journalisten ihr Erspartes und Adlige ihre Palais. Die Aktie steigt und steigt. Das Ergebnis von alleine in Frankreich 200 börsennotierten Eisenbahngesellschaften konnte allerdings auch Zola damals nicht kennen. Nur eine einzige von ihnen, die inzwischen verstaatlichte Société Nationale de Chemin de Fer, abgekürzt SNCF, sollte überleben – zugegeben, die wohl erfolgreichste und modernste Eisenbahngesellschaft der Welt. Wie viele Eisenbahnaktien mögen noch in den Antiquariaten des Quartier Latin auf Liebhaber warten?

Wir hören seit Generationen das immer gleiche Märchen von Übertreibungen und Spekulationen, vom Platzen von Blasen und von natürlichen Korrekturen. Dadurch sollen wir den Eindruck erhalten, Aktienmärkte verliefen zyklisch wie die vier Jahreszeiten. Abgesehen von der statistischen Unmöglichkeit, dass alle beim Höchststand verkaufen und beim Tiefstand ordern, wird damit der Eindruck erweckt, die Entwicklung von Börsenkursen ähnele doch in vielem den Kreisläufen der Natur. Es ist bekannt, dass nur wenige Unternehmen ein Alter von 90 Jahren erreichen. Aber welcher Portfolioinhaber denkt schon in solchen Kategorien? Die heimliche Hoffnung jedes Anlegers besteht doch darin, günstig zu kaufen und mit hohem Gewinn zu verkaufen. Ihn interessieren deshalb auch wenig die historischen Charts, denn sie können ihm die Entscheidung nicht abnehmen, wann in einer ungewissen Zukunft der richtige Einstiegs- und Ausstiegszeitpunkt liegt. Das gilt auch für Fonds, die ja wiederum Angestellte beschäftigen, die in einer relativ kleinen beruflichen Hochleistungsphase Performance zeigen müssen, wenn sie nicht gefeuert werden oder auf ihre Boni verzichten wollen. Nur ganz wenige Großanleger wie Warren Buffett oder George Soros können es sich leisten, gegen den Trend zu investieren, also buchstäblich klüger zu sein als der Markt. Buffett hat unlängst für satte 50 Milliarden Dollar eine Eisenbahnlinie gekauft. Wir könnten darüber philosophieren, warum er das getan hat, aber eines ist sicher: Buffett erhofft sich davon keine kurzfristige Wertsteigerung. Allerdings zeigt die Buffettology, dass von Buffett gezeichnete Aktien gemäß dem Herdentrieb automatisch eine Vielzahl von Kleinanlegern und Fondsmanagern veranlassen, das Papier auch zu zeichnen. Es steigt also bereits, weil Buffett kauft. Allerdings hätte es weder Buffett noch seinen Jüngern geholfen, wenn sie 1999 in Deutschlands Neuen Markt eingestiegen und Aktien wie T-Online oder Deutsche Telekom gezeichnet hätten. Die Letzteren nämlich haben je nach Einstiegsdatum zwischen 70 und 90 Prozent ihres Wertes eingebüßt und – das widerspricht aller Theorie der Zyklen – sich auch nie wieder erholt. Sie sind den Weg des japanischen Aktienmarktes gegangen, der nun in das einundzwanzigste Jahr einer nicht enden wollenden Baisse eintritt.

Wenn allerdings die Aktienmärkte tatsächlich ein derartiges Desaster wären, würden sie sich wohl kaum derart gut halten. Gut halten? Bevor enttäuschte Anleger hier den Autor lynchen, möchte dieser gerne eine kleine Tabelle vorstellen, die er selbst erarbeitet hat. Sie zeigt die Kurse von 10 US-Aktien aus sehr unterschiedlichen Branchen. Ganz links sieht man den Börsenkurs von 1993, in der Mitte den Tiefstand im Scheincrash 2000/2001 und rechts schließlich den Tiefstand des Papiers während der angeblichen Weltwirtschaftskrise. Blicken wir doch einmal auf diese Tabelle:

Aktie	Kurs 1993	Tiefstkurs im Crash 2000/2001	Tiefstkurs im Crash 2008/2009
Morgan Stanley	7,00	30,00	14,75
Adobe	2,78	17,48	16,70
Microsoft	2,34	30,53	16,15
American Express	7,21	25,67	13,63
Dell	0,29	17,43	8,53
Apple	5,84	7,43	90,13
Yahoo! (1996)	1,23	4,40	11,51
General Electric	5,02	21,00	18,30
Bank of America	11,78	19,96	3,95 (19,00 10.04.10)
Hewlett Packard	7,54	11,67	29,03

Tabelle 1: Aktienkurse von ausgewählten Unternehmen 1993, 2000/2001 und 2008/2009

Nein, das ist keine Zauberei. Das einzige Papier, das unter 100 Prozent gewonnen hat, ist die staatlich gestützte Bank of America. Jene Anleger und Fonds, die 1993 in die anderen hier aufgelisteten Wertpapiere investierten, konnten sich nach gleich zwei angeblichen Crashs über einen Wertzuwachs irgendwo zwischen 100 Prozent und 3000 Prozent freuen. Die Betonung liegt dabei auf *nach*, denn natürlich sahen die Papiere auch noch bessere Kurse. Wir gehen jedoch von der Vermutung aus, dass bei diesem Wertverlauf eine ganz andere Frage gestellt werden kann: Liegt der einzig mögliche Gewinn mit Aktien darin, bei der Emission oder kurz danach dabei zu sein? Dies würde einiges erklären, was wir in den vorherigen Kapiteln gelesen haben, etwa, warum der für Neuemissionen so hinderliche Sarbanes-Oxley Act wieder abgeschafft werden könnte und warum die

Bilanzierungsstandards aus dem Briefkasten von Delaware so dringend nötig sind. Ohne eine gute Eröffnungsbilanz nämlich ist die Kursentwicklung, die wir hier aufzeigen, nur schwer möglich.

Fünf der zehn hier vorgestellten Unternehmen waren 1993 noch sehr jung. Yahoo wurde erst 1996 gegründet. Blickt man heute auf Yahoo, das über keine eigene Technologie und auch kein Unique Selling Proposal verfügt, sondern nur eines unter inzwischen Millionen von Internetportalen ist, muss man den erreichten Wert im Jahre 2010 geradezu als Wunder betrachten: Fast 1000 Prozent Gewinn haben jene Investoren gemacht, die dem maroden Internetunternehmen aus der Frühzeit des WWW bis heute die Treue gehalten haben. Wie wurde das möglich? Nun, in einem US-Businessplan kann ein Unternehmen einfach das durch den Börsengang gewonnene Kapital zum Kaufen von Marktanteilen mittels Marketing einsetzen. Ich habe selbst an mehreren Präsentationen von deutschen Internetunternehmen bei führenden deutschen Risikokapitalgesellschaften wie der Bayerischen Beteiligungsgesellschaft, der Bayern Kapital und der KfW Mittelstandsbank teilgenommen. Keine der drei hätte im Businessplan Marketingausgaben in Höhe von mehr als 10 Prozent der Gesamtausgaben genehmigt. In den USA sind 50 Prozent oder sogar 90 Prozent (Google) völlig normal. Wie die Aktienkurse zeigen, wird dieses Vorgehen durchaus vom Markt honoriert. Selbst AOL, der marode Internetanbieter, der mit Time-Warner fusionierte und sich dann wieder von Time-Warner trennte, notiert mit 23,97 Dollar (29.1.2010) erstaunlich hoch. Das liegt in erster Linie an der Goodwill-Bewertung im amerikanischen Bilanzrecht, die eben auch eine über Marketing mit Milliarden Dollar gekaufte Markenstärke als bilanzfähigen Posten gutschreibt.

Das bedeutet aber nicht, dass der später einsteigende Privataktionär oder Fonds eine Chance auf steigende Kurse hat. Beispiele wie AOL oder die Rückführung von T-Online in die T-Com zeigen, dass die Risiken sehr einseitig auf später einsteigende Aktionäre verteilt sind.

Für die Ausgeber dagegen sind die Aktien von 1993 nach inzwischen 17 Jahren ein mehrfach profitables Geschäft gewesen. Sie haben erstens Kapital für inzwischen 17 Jahre zinslos zur Verfügung gestellt bekommen, was selbst bei einem bescheidenen Zinssatz von 5 Prozent fast 100 Prozent des Kapitals ohne Berücksichtigung der Inflation ausmacht. Sie haben zweitens Mitarbeiter und Akquisitionen mit Aktien bezahlen können, die sich im Schnitt gegenüber dem Ausgabewert um mehrere hundert Prozent erhöht haben. Als Zugabe schließlich können sie drittens über Aktienrückkäufe und genehmigtes Kapital auf Kursschwankungen reagieren bzw. einen guten Kurs zur weiteren Kapitalaufstockung nützen.

Zumindest die Erstzeichner der Aktien sind von keinem der beiden angeblichen Crashs 2000/2001 und 2008 betroffen gewesen. Wir kommen damit zu einer Erklärung der doch für viele überraschenden Erholung der amerikanischen Börsenmärkte 2009. Wenn die Zahl der Börsengänge auf ein historisches Tief gesunken ist, wenn aus Furcht vor weiteren Kursverlusten in Anleihen umgeschichtet wurde, wenn auch Großanleger solche Chartbetrachtungen wie der Autor vornehmen – wer kauft dann in einem Ausmaß US-Aktien, die den Kurs um 50 Prozent steigen lassen? Wie konnte sich die Marktkapitalisierung der US-Firmen seit März 2009 um 6 Billionen Dollar erhöhen? Der Vorstandsvorsitzende des Hedge-Fonds-Analysten Trim Trabs, Charles Biderman, wies darauf hin, dass eine Stützung der Aktienmärkte durch die US-Regierung keineswegs illegal oder abwegig sei. Ein anderer Hedge-Fonds-Spezialist, Tyler Durden von Zero Hedge, wies darauf hin, das fast alle Kursgewinne im Standard-&-Poor's-Index seit September 2009 auf nachbörslichen Future-Handel zurückgehen.

In einem Staat, in dem die Notenbank beliebig Geld drucken darf und eigene Staatsanleihen aufkauft, wenn kein Dummer mehr bereit ist, sie zu zeichnen, sollte es auch kein Problem sein, Aktienoptionen im großen Stil einzugehen und bei deren Einlösung neues Geld zu drucken.

Es bleibt allerdings fraglich, ob solche künstlichen Kurszuwächse länger als ein paar Monate gut gehen können. Wahrscheinlicher ist doch die Rückkehr zur guten alten Eröffnungsbilanz mit Börsengang, die Marketingmilliarden in die Kasse spült und – so sehen wir an dem hier veröffentlichten Chart – sogar tatsächlich jene Marktanteile erobert, die zur Kurspflege nötig sind. Auf der Strecke bleiben dabei innovative Unternehmen aus Staaten wie Deutschland, Japan, Frankreich und China, die keine Eröffnungsbilanzen und Businesspläne mit Milliardensummen für Marketing vorlegen dürfen. Sie müssen zusehen, wie ihnen die Amerikaner ihre eigenen Märkte für Software, Elektronik und Unterhaltung buchstäblich wegkaufen. Zu allem Elend sind sie von einem kleinen Crash noch viel stärker betroffen, wenn ihnen die zurückgehenden Kreditvergaben den letzten finanziellen Spielraum rauben. Dann wird selbst ein Aktien- und Kapitalmarktcrash ihre US-Konkurrenten als Sieger hervorgehen lassen. Gerade nach der Finanzkrise müssten in Asien und Europa neue Unternehmen gegründet werden – das Gegenteil geschieht. Marode Unternehmen und Banken werden über weitere Bürgschaften auf dem Markt gehalten. Junge Unternehmen bekommen nach wie vor kein Kapital.

Die zehn hier aufgeführten Emittenten dürfen sich freuen. Auf die Risikoscheu und Unkenntnis der wirtschaftlichen Zusammenhänge von Europäern und Asiaten ist noch immer Verlass.

II.8 Die Ökonomen als Verkaufsagenten für faule Finanzprodukte

Alles, was die USA für die Manipulation des SNA benötigten, hatten sie im Überfluss: eine Armee von willfährigen Ökonomen an ihren Elite-Universitäten und in ihren Think-Tanks, in den New Yorker Banken und in der Regierung selbst; eine von den USA völlig dominierte *scientific community* der Wirtschaftswissenschaften, die dafür sorgte, dass weltweit nur Wirtschaftswissenschaftler in Universitäten und Beratergremien wirken durften, die in »referenzierten« Zeitschriften veröffentlichten, die wiederum von den führenden US-Ökonomen kontrolliert und herausgegeben wurden. Die Weltherrschaft der Statistik gelang durch die Weltherrschaft der amerikanischen Volks- und Betriebswirtschaftslehre, deren Krönung in der Vergabe des Nobelpreises für Wirtschaft lag. Dieser wiederum wird von der Schwedischen Akademie nur aufgrund der Empfehlung von US-Ökonomen überwiegend an US-Ökonomen vergeben – mit Ausnahme der Politologin Elinor Ostrom im Oktober 2009.

Kann eine Wissenschaft tatsächlich das Handeln von Politik und Wirtschaft maßgeblich beeinflussen? Das wäre zumindest historisch neu, denn traditionell gilt Wissenschaft doch eher als etwas Weltfremdes, insbesondere die Geistes- und Sozialwissenschaften, zu denen die Wirtschaftswissenschaften zählen. Man denkt dabei an die Auguren, die den römischen Kaisern weissagten, ob die Zeit für Eroberungen gut war. Oder ist es umgekehrt – sind Ökonomen gar keine Wissenschaftler, sondern selbst nur ein ausführendes Organ in wirtschaftlichen Verwertungsprozessen? Ratingagenturen zum Beispiel wurden früher von dem bezahlt, der die Bewertung eines Papieres in Auftrag gab. Heute ist es umgekehrt: Der Emittent des Papieres bezahlt die Ratingagentur. Wie nicht anders zu erwarten, werden nun die Ratings im Sinne der Marktteilnehmer manipuliert. Ohne die Aussicht auf das beliebte AAA-Rating wären faule Kredite nie umstrukturiert und als CDO auf den Markt gebracht worden. Hinter den Ratings, insbesondere der Staatsanleihen, stehen wiederum Ökonomen. Sie müssen Bewertungsmethoden verwenden, die von einer breiten Mehrheit von anderen Ökonomen in Staaten und Universitäten anerkannt werden, die sozusagen als allgemeingültig gelten. Auf diese Art entsteht in der Ökonomie ein common sense, ein Gruppenzwang, der verhindert, dass die Ergebnisse der Ökonomen, nämlich die Förderung bestimmter Finanzprodukte durch die Erklärung ihrer systemischen Notwendigkeit, in Frage gestellt wird. Nun ist die Bandbreite der ökonomischen Wissenschaften insgesamt so groß, dass nie alle Ökonomen auf eine Meinung eingeschworen werden können. Doch auch dieses Problem wurde durch die Abgrenzung von anderen Disziplinen und die Aufteilung in Unterdisziplinen gelöst. Da ist zunächst die Trennung der Wirtschaftswissenschaften von Soziologie, Philosophie und Psychologie. Diese stellt sicher, dass kein einziger Nicht-Ökonom in der Ökonomie forschen und lehren darf, da er nach Ansicht der scientific community dazu nicht befähigt ist. Sehr wohl aber darf sich der Ökonom der Methoden der empirischen Sozialforschung, also letztlich der Durchführung von Umfragen, und der Methoden der Psychologie, also von Verhaltensforschung, bedienen. Es kommt zu einer paradoxen Situation. Während nämlich Ökonomen zu jedem Bereich der Gesellschaft Stellung nehmen dürfen, etwa zu Politik, Arbeit, Beruf, Bildung, Gesundheit und Kultur, darf niemand zur Ökonomie Stellung nehmen. Nicht nur die Politiker, die in Deutschland einen Sachverständigenrat zur Beurteilung der gesamtwirtschaftlichen Entwicklung unterhalten, auch die Wirtschaftsmedien haben sich von den Ökonomen einreden lassen, ökonomische Fragen seien derart komplex, dass nur die Ökonomen selbst darüber sprechen könnten. Wer sich einmal die Mühe macht, die Beiträge des Economics Roundtable der *Financial Times* zu sichten, wird mehrere Dinge bemerken:

- Der Jargon der Ökonomen und die Art ihrer Fragestellungen sind für Nicht-Ökonomen völlig unverständlich und können daher weder kritisiert noch bejaht werden.
- In den Jahren vor der Weltfinanzkrise fand sich unter diesen Beiträgen keine einzige Warnung vor den strukturierten Finanzierungen.

Die bis heute vorgetragenen Scheindiskussionen um den sogenannten Keynesianismus, also um die Frage, wie der Staat durch Kredite die Nachfrage in der Wirtschaft stimulieren kann, erwecken den Eindruck, Ökonomen würden Politikern durch ihre Fachkenntnis das Handeln in Alternativen ermöglichen. Zinsen erhöhen. Zinsen senken. Steuern erhöhen. Löhne senken. Zölle abbauen. Aus der Perspektive der Makroökonomen erscheint die Wirtschaft als ein mechanistisches Räderwerk. Der US-Ökonom Gregory Mankiw hat deshalb die Frage gestellt, ob Ökonomen eher Ingenieure als Wissenschaftler seien. Seine Antwort lautet: »Sie sind Ingenieure.« Er meinte dies aber nicht abwertend, sondern aufwertend. Die Verachtung, die Ökonomen Grundlagenforschern aus den Sozial- und Geisteswissenschaften entgegenbringen, ist grenzenlos. Die Wirklichkeit, so glauben die Ökonomen, wird von Angebot und Nachfrage im Rahmen einer Market Economy bestimmt. Ökonomie beschreibt die Regeln und Mechanismen dieser Ökonomie völlig neutral. Ob diese Ökonomie insgesamt sinnvoll ist, stellt keine Frage der Wirtschaft dar. Als ich im Jahre 2006 begann, mit dem Chefökonomen der *Financial Times,* dem vielfach preisgekrönten Martin Wolf, einen kleinen E-Mail-Austausch über die Frage »Was ist Wirtschaft?« zu führen, belehrte mich Wolf: »Es ist wirklich nicht wert, darüber zu debattieren.«

Innerhalb der Ökonomie wiederum bildet die internationale Finanzwirtschaft eine eigene Unterdisziplin mit einer eigenen Kaste. Blickt man auf die Biografien der großen US-Starprofessoren der Columbia University, der Yale University, der Harvard University und des Massachusetts Institute of Technology, so wird man immer wieder den Hinweis finden, sie seien Berater der Weltbank und der US-Regierung gewesen. Die internationalen Finanzökonomen sind keine Beobachter oder Analysten der Finanzmärkte, sondern sie sind Teilnehmer. Sie sonnen sich im Umfeld der Macht.

Nicht anders in Deutschland. Ehrfürchtig als Wirtschaftsweise bezeichnet, beraten als verbeamtete Ordinarien von jedem wirtschaftlichen Risiko dauerhaft entlastete Ökonomen die Regierung. Für einen kleinen Moment schien nach der vermeintlichen Weltfinanzkrise 2008 ihr Ansehen ein wenig zu schwinden. Die Blindgänger betitelte die FAZ Wirtschaftsredakteurin Lisa Nienhaus ihr 2009 erschienenes Buch mit dem für deutsche Verhältnisse mutigen Untertitel Warum Ökonomen auch künftige Krisen nicht erkennen werden. Sie schildert darin den Aufstieg der Volkswirte als Politiker. Wie man meinem Buch Der große Raubzug (FinanzBuch Verlag 2009) entnehmen kann, sind die meisten deutschen Verantwortlichen für die Verluste im Rahmen der vermeintlichen Weltfinanzkrise studierte Volkswirte. Lisa Nienhaus beschreibt, wie die durchweg staatlich finanzierten Institute für Wirtschaftsforschung sich als Mitglieder der Leibniz-Gesellschaft gegenseitig die Forschungsmittel zuschieben, wie die Ökonomen verzweifelt versuchen, durch Konjunkturprognosen ihre Existenz zu rechtfertigen und wie sie damit scheitern, etwa bei der Einschätzung des Neuen Marktes 1999 oder eben in der angeblichen Weltfinanzkrise im Oktober 2008.

Wenn Ökonomen idealistische, weltabgewandte Wissenschaftler wären, könnte man ihnen dieses Versagen verzeihen. Schließlich benötigt doch jener Lebensbereich, der spätestens seit 1945 zum alleinigen Zentrum unseres gesellschaftlichen Lebens erklärt wurde – die Wirtschaft – auch Grundlagenforschung. Was ist eigentlich Wirtschaft? Und wie funktioniert sie? Die Ökonomen stellen diese Fragen nicht. Gibt man die Frage bei Google ein, kommt man nicht zu den Eminenzen der Leibniz-Gesellschaft und den Oberordinarien der selbsternannten deutschen Eliteuniversitäten, sondern auf Grassroot-Websites wie www.whatiseconomy.com oder www.philosophieundwirtschaft.de.

Aber inmitten der Blinden ist der Einäugige König. In einem Parlament, das überwiegend aus Lehrern und Juristen besteht, beschränkt sich die Kenntnis der Wirtschaft auf jene Aspekte, die wir täglich in den Verbrauchermagazinen der öffentlich-rechtlichen Fernsehsender serviert bekommen: Pendlerpauschale, Arzneimittelzuzahlung, Erstattung von Versicherungsschäden, gemeine Haustürgeschäfte. Von internationalen Finanzmärkten, von Anleihen und Bilanzierungsstandards hören wir nichts. Lisa Nienhaus über die Politiker:

> Weil sie selbst immer weniger von Wirtschaft verstehen, haben sie sich immer mehr Rat von außen geholt. Nur wegen dieser Unkenntnis in Parlamenten und Ministerien konnten die ökonomischen Berater die Macht erlangen, die sie heute haben.[8]

Wer weiß schon, dass die Aushebelung der deutschen Finanzaufsicht, die überhaupt erst die Abenteuer der Hypo Real Estate und ihrer irischen Tochter ermöglichte, mit einem Gutachten zur Reform der Deutschen Bundesbank begann, das im Jahre 2000 von Ronald Berger und dem ehemaligen McKinsey-Chef Herbert Hentzler verfasst wurde? Vom ehemaligen SPD Staatssekretär Tacke, heute im Vorstand des Energieversorgers STEAG, stammt der Satz: »Wir fragen derzeit lieber Unternehmensberater wie McKinsey oder Berger, wenn wir schnell ein Politikkonzept brauchen.«[9]

Die angeblichen Reformen der letzten Jahre, die Einführung der Riester-Rente und von Hartz IV, stammen aus der Feder von Bert Rürup, der heute Chefberater des Finanzdienstleisters AMD ist. Als Aufsichtsräte der Banken und als Lobbyisten gegen die Finanzaufsicht, die für die deutschen Steuerzahler Milliardenverluste verursachten, fungierten nahezu alle führenden Bundesbankpräsidenten, namentlich Hans Tietmeyer, Ernst Welteke, Edgar Meister, Otmar Issing und andere.

Im Jahre 2005 verabschiedeten 200 führende deutsche Volkswirte einen Hamburger Appell zur Bundestagswahl 2005, der die aus ihrer Sicht

---

8 Nienhaus, Lisa: Die Blindgänger, Frankfurt 2009.

9 Jochen Bittner und Elisabeth Niejahr, Die Beraterrepublik, in: DIE ZEIT vom 05.02.2004, Nr. 7, S. 5

größten Probleme der Bundesrepublik Deutschland aus ihrer Fachkenntnis heraus benennen sollte. Deutschland, so die Wirtschaftsweisen damals, befände sich in einer schweren, strukturellen Krise. »Die wirtschaftspolitische Debatte in Deutschland wird verstärkt von Vorstellungen geprägt, die einen erschreckenden Mangel an ökonomischem Sachverstand erkennen lassen«, klagten die Fachleute. Nur »drastische und schmerzhafte« Reformen könnten das Land aus der Krise führen. Welche grässlichen Gefahren lauerten damals aus der Sicht der verbeamteten Volkswirte, um Deutschland zu zerstören? Hatten sie die strukturierten Finanzierungen entdeckt, die deutsche Landesbanken zu diesem Zeitpunkt bereits im Umfang von 50 Milliarden Euro gezeichnet hatten? Fürchteten sie um eine Zunahme der Staatsverschuldung aufgrund der Freistellung von Beamten und Selbstständigen von den Beiträgen zur gesetzlichen Rentenversicherung, die damals 23 Prozent des Bundeshaushaltes erforderte? Oder drohte etwa der Kapitalmangel, deutsche Unternehmen in der Weltwirtschaft ins Abseits zu drängen, die kapitalstärkeren Mitbewerbern mit funktionierenden Geldbeschaffungsmärkten kampflos das Feld überlassen mussten? Alle drei Fragen wären sicher damals einen Appell wert gewesen. Aber unsere Ökonomen wussten besser, was die eigentlichen Probleme Deutschlands waren. Einige Auszüge aus dem *Hamburger Appell:*

> Wer behauptet, Deutschland könne und müsse ein Hochlohnland bleiben, handelt unredlich oder ignorant.
>
> Hohe Arbeitskosten und hohe Steuerlasten mindern unternehmerische Gewinne und damit unmittelbar die Investitionsbereitschaft. Klassenkämpferische Rhetorik tut ein Übriges, um Investitionen zugunsten anderer Standorte zu verdrängen.
>
> So wird die Forschungstätigkeit in Deutschland in wesentlichen Zukunftstechnologien durch rigide staatliche Vorgaben behindert oder zur Verlagerung ins Ausland genötigt.

Was folgte, war die Große Koalition. Diese wurde nicht gerade durch klassenkämpferische Rhetorik bekannt. Vielmehr sorgte sie dafür, dass seitdem rund 10 Millionen Deutsche in Armut leben, ein überaus teures Problem nicht nur für die Sozial- und Krankenkassen, sondern inzwischen auch für die Sicherheit. Die Opportunitätskosten – eine zumindest deutschen Ökonomen bisher unbekannte Bezeichnung für die Vollkosten, die beim Unterlassen einer Handlung entstehen, etwa bei der Sicherung eines Kernkraftwerkes – übersteigen längst die Kosten, die nötig wären, um Einkommen zu bezahlen, mit denen man in Deutschland leben kann. Wenn hohe Löhne Investoren abschrecken würden, dann würden wohl kaum Staaten wie die Schweiz, die Niederlande, Dänemark und Schweden Investoren halten können – Staaten, in denen der Mindestlohn doppelt so hoch wie in der Bundesrepublik liegt. Und die Zukunftstechnologien? Just zum Zeitpunkt des genialen *Hamburger Appells* begann sich das Energieeinspeisungsgesetz derart positiv auf die Exporte deutscher Solar- und Windkrafthersteller auszuwirken, dass diese zeitweise zu Weltmarktführern wurden. Die Ökonomen meinten allerdings vermutlich die Gentechnik, die sich zumindest in der europäischen Landwirtschaft nicht durchsetzen konnte, da sich – ebenfalls seit 2005 – die Absatzzahlen für Produkte aus biologischer Landwirtschaft jährlich um zweistellige Prozentzahlen erhöhen.

Wenn man heute den *Hamburger Appell* liest, muss man nüchtern feststellen: Die deutschen Volkswirte wussten weder etwas von den Trends und Entwicklungen der deutschen Volkswirtschaft noch von den Verwicklungen und Verwerfungen der internationalen Finanzwirtschaft, in die damals Jörg Asmussen, studierter Volkswirt und ehemaliger McKinsey-Berater, seinen Chef, den Diplom-Volkswirt Peer Steinbrück, und mit ihm das ganze Land hineinritt.

Ob die Ökonomen vorsätzlich, wie Bert Rürup, Olaf Henkel, Roland Berger, Herbert Hentzler, oder nur fahrlässig, wie die Bundesbanker und Wirtschaftsweisen, insbesondere aber die Professoren der Wirtschaftsforschungsinstitute den Vertrieb fauler Finanzprodukte gefördert haben, mag Ermessensfrage sein. In beiden Fällen spricht nichts dafür, ihnen weiter Gehör und Finanzmittel zu schenken. Sie gehören so abgewickelt, wie jene Teile der DDR-Wissenschaft, die sich nicht dem Suchen nach Wissen, sondern nur einer Ideologie verschrieben hatten. Der *Hamburger Appell* von 2005 ist das beweiskräftigste Urteil über ihre angebliche Leistungsfähigkeit – und damit die der Leibniz-Gesellschaft, in der sich ohne jede Leistungskontrolle unkündbare Professoren gegenseitig Mittel, Ehre und Einfluss zuschanzen.

II.9 Warum Wirtschaft kein Schulfach ist

Wenn kleine Kinder im zarten Alter von drei Jahren in den Kindergarten kommen, lernen sie zunächst eine einzige überlebenswichtige Fähigkeit, nämlich sich verletzungsfrei im Straßenverkehr zu bewegen. Mit Freude sehen wir an den Zebrastreifen Kindergruppen, die brav erst nach rechts, dann nach links (oder umgekehrt? Es ist bei mir schon Jahre her.) blicken, um in angemessener Geschwindigkeit diszipliniert auf die andere Straßenseite zu gelangen. In fast allen Ländern mit flächendeckender Motorisierung gehen die Unfälle mit Kindern seit Jahren zurück. Ich stamme aus einer Weltgegend namens Oberbayern, in der alle 500 Meter ein Kreuz für ein getötetes Kind steht. Ebenfalls im Kindergartenalter lernen Kinder, Straßenschilder zu lesen, auf denen meist Symbole abgebildet sind. Viele Kinder können eine Ampel verstehen, bevor sie fließend sprechen können. Rot. Grün. Sie lernen es aus dem Vorbild, weshalb Erwachsenen noch immer empfohlen wird, bei Rot an der Fußgängerampel zu warten, um den Kindern zu verdeutlichen, dass diese Regel auch für Erwachsene gilt. Folgt ein Erwachsener – zumindest ist es so in Skandinavien und der Schweiz – dieser pädagogischen Anweisung nicht, zieht er missbilligende Blicke auf sich. Offiziell ist sein Handeln sogar strafbar, das heißt, es kann mit einem Bußgeld geahndet werden.

Können die Kinder dann Rad fahren, lernen sie, sich auch als aktive Verkehrsteilnehmer an die Regeln zu halten. Diese sind in einem Gesetzeswerk, der sogenannten Straßenverkehrsordnung (abgekürzt STVO) niedergelegt. Diese Ordnung weist mehrere, geradezu fantastische Besonderheiten auf:

- Sie ist fast in der ganzen Welt gleich. Mit Ausnahme des Linksverkehrs in einigen Commonwealth-Ländern kann man sich in fast jedem Land auf die gleichen Regeln und Symbole verlassen. Die Straßenverkehrsordnung ist damit neben dem Pilotenenglisch im Tower die einzige echte Weltsprache.

- Obwohl die Kenntnis dieser Ordnung im äußersten Sinne überlebenswichtig ist, also ihre Nichtbefolgung weniger das Risiko einer Strafe als das von Verletzung und Tod birgt, hat kein Mensch diese Ordnung in seiner Bibliothek. Nur in wenigen Staaten – darunter Deutschland – wird eine zumindest teilweise Kenntnis der Straßenverkehrsordnung zur Auflage für die Erteilung eines Führerscheines gemacht.
- Die Ordnung ist derart erfolgreich in der Praxis, dass nicht nur Haus-, sondern auch viele Wildtiere sie beachten können, ohne auch nur ein einziges ihrer Zeichen zu kennen. Obwohl die Straßenverkehrsordnung zuallerletzt zum Schutz der Tiere geschaffen wurde, erfüllt sie doch sehr weitgehend diese Schutzfunktion, indem sie von den aktiven Fahrern ein angemessenes Verhalten verlangt, etwa bei Nässe oder Dunkelheit.

Wenn jemand mit einem 2 Tonnen schweren Stahlkoloss mit 80 Stundenkilometern in eine unübersichtliche Kurve hineinrast, ist der Appell an angemessene Geschwindigkeit ein fast unvorstellbarer Vertrauensvorschuss. Offensichtlich betrachteten die weisen Verfasser der Straßenverkehrsordnung alle Verkehrsteilnehmer nicht nur als mündige Subjekte, sondern es gelang ihnen, fast völlig ohne Sanktionen einen reibungslosen Ablauf des Verkehrs zu gewährleisten. Sagen wir es ruhig: Der Straßenverkehr ist mit Abstand das erfolgreichste Ordnungssystem der Welt.

Man kann sich nun leicht denken, warum ich mit diesem Ausflug beginne: Sind die Regeln der Wirtschaft ebenso bekannt, werden sie ebenso in der Mehrzahl der Fälle befolgt, vielleicht sogar derart, dass man auch von einer Wirtschaftsordnung oder gar einem Wirtschaftssystem sprechen könnte?

Heben wir uns diese Frage auf.

Die Kinder kommen nun in die Schule, wo sie zuerst drei Dinge lernen: Lesen, Schreiben und Rechnen. Um sich überhaupt um die Schule herum bewegen oder in, vor und nach der Schule eine Milch oder eine Limo kaufen zu können, bekommen fast alle Kinder mit dem Schuleintritt sogenanntes Taschengeld. Dieses ist meist bewusst niedrig gehalten und soll den Kindern eine erste Erfahrung mit der Wirtschaft ermöglichen. Es gibt Eltern, die ihren Kindern ausdrücklich gestatten, dieses tägliche Geld für Süßigkeiten, Comics und Krimskrams auf den Kopf zu hauen. Andere Eltern sehen ihr größtes Lebensglück darin, dass ihr Kind das Taschengeld spart und nicht ausgibt. Da heute in der Schule oft höhere Beträge für Bücher, Eintritte und Klassenfahrten mitgebracht werden müssen – und zwar von den Kindern –, merken diese schnell, dass ihr Taschengeld keine wirklich große Kaufkraft hat. Ein bisschen Wasser mit Sirup – Coca-Cola oder Fanta genannt – kostet im kleinen Lokal bereits 2,80 Euro. Ein Kind benötigt also bereits für ein einziges Getränk pro Tag 14 Euro in der Woche oder 56 Euro im Monat.

Dies ist so viel, wie die Haftpflichtversicherung eines Autos oder die Telefonrechnung, wie eine Kreditrate für einen 2000-Euro-Kredit oder die Krankenversicherung für einen Studenten. Ein Getränk mit 0,4 Litern Flüssigkeit, das ein durstiger Siebenjähriger in fünf Minuten verschluckt!

Man könnte meinen, diese enorme Kaufkraft und die damit verbundene Verantwortung wären ein Grund, den Umgang mit Geld in der Schule zu lernen. Aber weit gefehlt: Weder Geld noch Wirtschaft sind auch nur im Entferntesten Gegenstände des Schulunterrichts. Allenfalls in Rechenbeispielen der Mathematik oder im Geschichtsunterricht, wo Kinder lernen, dass Gold einmal eine Währung war, werden winzige Teile des Wirtschaftslebens erwähnt.

Ein Schulfach Wirtschaft ist in keinem Lehrplan vorgesehen und die Lehrer, die zum überwiegenden Teil froh sind, in der Schule einen von den Widrigkeiten des Wirtschaftslebens befreiten Raum gefunden zu haben (die meisten Lehrer wollten einmal Schriftsteller und Journalist werden), werden auch nicht in Wirtschaft weitergebildet. Das ist gar kein böser Wille oder gar der vorsätzliche Wunsch nach einer wirtschaftsunerfahrenen Bevölkerung, sondern ein Fach Wirtschaft gibt es allein schon deshalb nicht, weil Wirtschaft – anders als vorher beschrieben der Straßenverkehr – keine Ordnung besitzt, also auch keine Regeln. Das, was wir täglich als Wirtschaft erleben, wenn wir arbeiten und einkaufen, ist eine ständige Überraschung – leider selten eine schöne. »Ich will mein Geld zurück« – diesen Gedanken hegen wir fast ständig, wenn wir uns übervorteilt fühlen. Das geschieht oft, so oft, dass viele von uns unter den Folgen der Wirtschaft leiden und das Gefühl gewinnen, betrogen und ausgebeutet zu werden.

Wenn also Wirtschaft in all ihrer Unvorhersehbarkeit und Willkür zum Gegenstand von Schulunterricht würde, müssten die Lehrplanschreiber befürchten, dass Schüler wie Lehrer in erster Linie unschöne Erlebnisse berichten würden und sich dabei ein tiefes Misstrauen gegen die viel gerühmte Wirtschaft, die sich als göttliche Ernährerin von allen gibt, entwickelt. Dieses Misstrauen könnte dazu führen, dass dieses Getränk nicht mehr so viel gekauft würde, was den Umsatz der Läden und Cafés senken würde. Dies hätte wiederum Arbeitslosigkeit und Kreditausfälle, Börsencrash usw. zur Folge. Diese Warnungen werden ja täglich über die Medien verbreitet. Täglich ergeht der weltweite Appell, seinen Arbeitstag und die anschließende Freizeit vollkommen Tätigkeiten zu widmen, die letztlich die Wirtschaft am Laufen halten: Kinder zeugen und großziehen zur Alterssicherung, reisen zur Selbstverwirklichung, sich informieren zur demokratischen Teilnahme, radeln zum Gesundheitserhalt, Theaterbesuche und Bücher für den Geist.

Wenn Wirtschaft in dieser umfassenden Form in der Schule gelehrt würde, dann könnte das Fach auch Leben heißen, denn bis auf die Meditation gibt es kaum eine Tätigkeit, die nicht in irgendeiner Form entweder dazu beiträgt, selbst einen wirtschaftlichen Prozess einzuleiten, anzuregen oder aufrechtzuerhalten, oder aber als Teilnehmer, Kunde und Gast in einen solchen verwickelt zu werden, etwa bereits beim Besuch der Schule selbst. Schließlich ist die Schulpflicht ja nicht eingeführt worden, um Kinder tagsüber sinnvoll zu beschäftigen, sondern um sie zu in jeder Hinsicht nützlichen Mitgliedern einer Wirtschaftsgemeinschaft zu machen. Blickt man auf die zumindest in wirtschaftlicher Hinsicht langfristig erfolgreichsten Staaten der Erde, so stellt man fest, dass sie zugleich auch am meisten in die Bildung investieren.

Man könnte nun sagen: Wenn diese Wirtschaftsgemeinschaften derart erfolgreich sind, dass sie jeden jungen Menschen beschäftigen können, dann ist doch ganz offensichtlich eine Bildung in Wirtschaft selbst unnötig, oder? Wirtschaft nämlich in all ihren Spielarten wird letztlich am Erfolg gemessen, das heißt, eine erfolgreiche Wirtschaft versorgt alle ihre Mitglieder inklusive der Alten, Kranken und Arbeitslosen. Ist die Wirtschaft also wie der Straßenverkehr geartet, d.h. eine erfolgreiche Ordnung, deren Regeln von allen befolgt werden, obwohl sie nirgendwo niedergeschrieben sind? Betteln nicht auch die Haustiere um Zuneigung und Nahrung und sind glücklich, wenn sie diese erhalten? Auf jeden Fall wäre Wirtschaft eine Praxis, zu der es weitgehend keine Theorie gäbe. Wenn nämlich Wirtschaft beschreibbar und vorhersehbar wäre – woran sich viele Unternehmer und Wissenschaftler versuchen –, wäre dies gleichbedeutend mit einer Erfolgsgarantie. Wer wüsste, was man tun müsste, um reich zu werden, würde es auch tun. Als Autor, der eher kleinere Auflagen hat, werde ich oft angesprochen, ob ich nicht einmal einen Bestseller schreiben wolle. Ich antworte mit einer Gegenfrage: »Wenn die Verlage wüssten, wie man Bestseller produziert, glaubst du nicht, sie würden das auch tun?«

Fassen wir noch einmal zusammen:

- Der Straßenverkehr funktioniert unvorstellbar perfekt, obwohl seine Ordnung nur in der Praxis existiert.
- Die Wirtschaft wird nur an ihrem Erfolg gemessen, das heißt, wenn sie erfolgreich ist, wird das als Bestätigung für ein bestimmtes Handeln und Denken interpretiert. Sobald etwas schiefgeht, stehen diese Lehren zur Disposition.

Während also die Regeln des Straßenverkehrs immer gleich bleiben und durch immer verfeinertere Schulungsmaßnahmen derart perfektioniert werden, dass allein in Deutschland trotz einer Verzehnfachung des Straßenverkehrs die Zahl der jährlichen Verkehrstoten von 20 000 auf 5000 reduziert werden konnte, ist in einigen führenden Wirtschaftsnationen mindestens ein Drittel der Bevölkerung von den Segnungen der Wirtschaft unberührt und führt einen erbarmungslosen und demütigenden

Überlebenskampf. Warum, diese Frage möchten wir hier stellen, funktioniert die Straßenverkehrsordnung immer besser, während die Wirtschaft immer mehr Pleitiers und Verlierer produziert? Wenn die Straßenverkehrsordnung zur Verletzung eines Drittels aller Verkehrsteilnehmer führen würde, wäre sie längst abgeschafft oder revidiert worden!

Die Lehrpläne der Schulen sind langfristig angelegt und erfordern die Vermittlung von Kenntnissen, die doch einigermaßen kontinuierlich wertvoll sind, etwa die Kenntnis der Sprache und des Rechnens. Was aber, wenn es nur Kenntnisse gibt, die bereits seit Jahrzehnten falsch und überholt sind? Deren Anwendung in der Praxis in eine Katastrophe führen würde? Noch bis in die 50er Jahre des letzten Jahrhunderts wurde Söhnen empfohlen, dem Vater im Beruf zu folgen, also seinen Platz in der Wirtschaft zu erben. Heute ist dies eine seltene Ausnahme.

Unbemerkt von der Öffentlichkeit und auch von den Wirtschaftswissenschaften hat sich neben der altbekannten Realwirtschaft mit ihren Autos, Schuhen und Tomaten eine Finanzwirtschaft entwickelt, deren theoretischer Wert mindestens 20 Mal so hoch ist – 80 Billionen Euro – wie die 4 Billionen Euro, die alle Zentralbanken der Welt als Zentralbankgeld zur Verfügung stellen. Man könnte auch sagen: Reale wirtschaftliche Tätigkeit, insbesondere die Landwirtschaft, ist in einem unvorstellbaren Ausmaß abgewertet worden. In der Schule stammen aber noch fast alle Rechenbeispiele aus der Landwirtschaft.

Die Komplexität der Finanzwirtschaft wird von den Regierungen als derart groß angesehen, dass diese sich bis zur Weltfinanzkrise Ende 2008 außer Stande sahen, sie auch nur zu regulieren. Ihre Professoren für Volkswirtschaft forderten zu dem Zeitpunkt, als der Einstieg in die strukturierten Finanzprodukte mit US-Immobilien geschah, die Senkung der Löhne und die weitere Liberalisierung der Finanzmärkte sowie die Privatisierung des öffentlichen Eigentums und der Altersversorgung.

Dass all diese Vorgänge kein Lehrstoff für Schulen, ja nicht einmal für Lehrer sind, kann man niemandem vorwerfen. Dass Wirtschaft kein Schulfach ist, liegt einfach daran, dass niemand weiß, was Wirtschaft ist, wie sie funktioniert und wie man sich in ihr bewegen soll. Mal heißt es »Sparen«, dann wieder »Konsumieren«. Die Börse führt uns täglich vor, wie die Kurse steigen oder fallen, obwohl es dazu keinen vernünftigen Grund gibt.

Wir wollen im nächsten Kapitel trotzdem einige Anregungen dafür geben, was Wirtschaft auch sein kann: eine möglichst kluge Mischung von natürlichen, sozialen und privaten Geschenken, soziologisch Gemeingüter (engl.: *commons*) oder altmodischer Allmende genannt.

Teil III: Wirtschaft neu erfinden

III.1 Warum die Wirtschaft trotzdem neu erfunden werden muss

Wir haben an doch nicht wenigen und hoffentlich überzeugenden Beispielen gesehen, dass Täuschung, pardon, asymmetrische Information weite Teile unseres wirtschaftlichen Alltags ebenso bestimmt wie Wohl und Wehe der internationalen Finanzmärkte. Am Ende geht es uns aber wie mit der Warnung vor der Klimakatastrophe: Wir mögen vielleicht glauben, dass eine Erderwärmung global gesehen schädlich ist, aber unsere emotionale Beteiligung an diesem Wissen ist äußerst gering. Schließlich leben wir in einer Region, die wir schon seit Goethes Italienischer Reise für zu kalt hielten und der wir möglichst oft mit einem großen Aufwand gen Süden entfliehen. Wenn also die Malediven, die ohnehin weit entfernt und obendrein hochpreisig sind, unter der Meeresoberfläche verschwinden, werden wir uns eben mit den Kanaren behelfen, die selbst bei einem Anstieg des Meeresspiegels von 10 Metern nicht wie die Titanic untergehen werden.

Auf die Wirtschaft bezogen bedeutet das: Jene große Mehrheit von uns 100 Millionen Bürgern im sogenannten deutschsprachigen Raum, die von einer vielleicht sehr oft betrügerischen, aber insgesamt doch in ihrer Versorgungsleistung sehr verlässlichen und äußerst erfolgreichen Wirtschaft gemästet werden, kann zumindest seelisch keinen Handlungsbedarf aus Bedrohung oder Not empfinden. Dafür geht es uns schlichtweg zu gut.

Weiterhin ist die Annahme sehr vermessen, ausgerechnet eine tiefe Wohlstands- und Versorgungskrise würde das Element des Betrügerischen eindämmen. Wie man am Kontinent Afrika sieht, auf dem systematischer und allumfassender Betrug durch Politik und Wirtschaft mit keiner akzeptablen Versorgungsleistung korrespondiert, ist wohl eher das Gegenteil zu vermuten. Je schlechter es uns also geht, desto mehr betrügen wir uns gegenseitig und andere. Krise war zu keiner Zeit ein Heilmittel, sondern hat immer nur neue und schwerere Krankheiten hervorgebracht.

Wir werden uns also trotz der hier geschilderten Betrügereien auf allen Ebenen des Wirtschaftens nicht dazu hinreißen lassen, ein »Weiter so« als schädliche Apokalypse darzustellen und damit vor einer neuen Wirtschaftskrise zu warnen. Die ständige Umverteilung von Einkommen und Vermögen, die durch asymmetrische Information insbesondere auf den Finanzmärkten geschieht, wird immer grundsätzlich von denen als Krise empfunden werden, die gerade ihr Vermögen, ihren Job oder ihre Altersvorsorge verloren haben. In früheren Zeiten verloren sie dabei auch noch ihre Gesundheit und ihr Leben. So bevölkerten nach dem Ende des Dreißigjährigen Krieges von 1618 bis 1648 nur noch vier Millionen von einstmals zwölf Millionen Menschen das heutige Gebiet von Deutschland.

Dass hier trotzdem Ansätze vorgestellt werden sollen, Wirtschaft anders und neu zu definieren, geschieht nicht als Prävention vor einer neuen Finanzkrise.

Anders als alle Wirtschaftswissenschaftler glauben, scheint der Erfolg von Wirtschaft nämlich keine Systemfrage zwischen Kapitalismus und Kommunismus zu sein. Das zeigt sich daran, dass in der nunmehr größten Wirtschaftsmacht der Welt, die nur noch durch die künstliche Abwertung ihrer Währung nicht allein an der Spitze steht, eine kommunistische Partei mit 70 Millionen Mitgliedern regiert. Märkte im Sinne der kapitalistischen Ideologie werden dort nur sehr eingeschränkt eingeräumt. Dem persönlichen Vorteil sind sehr enge Grenzen gesetzt. Die Gemeinschaft hat einen absoluten Vorrang vor dem Einzelnen.

Das könnte auf die Dauer der chinesischen Gesellschaft einen uneinholbaren Marktvorsprung verschaffen, denn Rezession und Krise lassen sich in einer Gesellschaft, in der der Einzelne nicht nur durch materiellen Erfolg motiviert werden kann, viel leichter meistern.

Die zerplatzenden Blasen einer auf monetärer Bewertung aufgebauten Finanzwirtschaft stellen die Grundfrage nach der Bewertung von Diensten und Gütern, denn die Bewertung verwandelt diese in das Tauschmittel Geld. Zu groß war und ist die Versuchung, gar nicht erst Güter und Dienste zu erzeugen, sondern gleich nur Geld. *Fiat money* nennen das die Fachleute. Es werde Geld. Selbst in Staaten wie Deutschland, in denen noch eine große Landwirtschaft Überschüsse produziert, in der große Kohlelager auf energieknappere Zeiten warten und in denen tausende von Betrieben erfolgreich Produkte für den Weltmarkt erfinden, bauen und liefern, selbst in Deutschland stammen bereits 35 Prozent des offiziell versteuerten Einkommens aus Vermögen. Diese Einkommen sind reine Kapitalrenditen, die aber erwirtschaftet, sprich angelegt werden müssen. Wie aber können diese Anlagen noch Renditen erwirtschaften, wenn – so geschehen im Jahre 2009 – das Bruttosozialprodukt um 5 Prozent zurückgeht? Der Vorstandsvorsitzende des größten deutschen Kapitalanlegers und Vermögensverwalters, der börsennotierten Allianz AG, Paul Achleitner, stellte Anfang 2010 fest, dass nur noch 10 Prozent des Vermögens in Aktien angelegt waren, aber 70 Prozent in festverzinslichen Staatsanleihen. Es kommt so zu einer absurden Situation: Gerade die Verfechter der Marktwirtschaft zählen zu den vehementesten Anhängern der wachsenden Staatsverschuldung, denn sie hoffen auf eine risikofreie Selbstvermehrung ihres Kapitals, das sie weitgehend ohne Besteuerung ansparen konnten. Zwar sind die gegenwärtigen Zinsen zumindest von deutschen Staatsanleihen nicht gerade berauschend, aber gegenüber einem Verlust von 50 Prozent des Vermögens am Aktienmarkt sind 3 Prozent Jahresrendite doch vorzuziehen. Da Deutschland aber ein umlagefinanziertes Rentensystem hat, also die monatlichen Beiträge nicht auf den internationalen Kapitalmärkten vagabundieren, konnte sich bisher keine wirkliche Geldblase aufbauen. Allerdings gelangen immer mehr deutsche Staatsanleihen an US-Pensionsfonds, die sich aufgrund ihrer eigenen Zweifel an der Zukunft der US-Scheinwirtschaft gerne sicherere Häfen für ihr Geld suchen. Dann entsteht folgende Situation: Die deutschen Steuer- und Abgabenzahler, in erster Linie Kleinverdiener, müssen ganz alleine die Zinsen für die Staatsanleihen aufbringen. Sie bezahlen damit die Altersvorsorge der US-Rentner. Die Gutverdiener und Beamten in Deutschland aber sind genau von diesem Umlagesystem befreit, das heißt: Sie können ihre Überschüsse in alternative Anlagen stecken, etwa in Immobilien oder in private Beteiligungen, Private Equity genannt. Solange der deutsche Staat weiter fleißig Schulden macht, um seiner Klientel schmerzliche Einkommens- und Vermögensminderungen zu ersparen, muss er immer neue Staatsanleihen verkaufen. Derzeit muss die Bundesrepublik täglich (!) für 1 Milliarde Euro neue Staatsanleihen an den Mann bringen. Ein immer größerer Teil davon geht an ausländische Besitzer, etwa an US-Pensionsfonds.

Es könnte so eine Vollstreckungssituation eintreten, in der amerikanische Pensionsfonds europäische Staaten mit diplomatischer Unterstützung ihrer Regierung unter Druck setzen. Dies geschieht bereits in der *Coalition of the Willing* und im Missbrauch der NATO für reine US-Interessen.

Insofern ist die im dritten Teil dieses Buches aufgeworfene Frage nach neuen Bewertungsmethoden in der Wirtschaft Teil einer Vorsorgestrategie im Wettbewerb zwischen Europa, Asien und den USA: Wenn es nämlich den europäischen Finanzmärkten gelingt, unabhängiger vom US-Finanzmarkt wie von den Billigimporten aus Asien zu werden – und beides hat den Preis eines sinkenden Exports –, können künftig weder die Aufwertung der chinesischen Währung noch ein Dollar-Crash den europäischen Wirtschaftsraum wirklich gefährden. Damit dies möglich wird, muss aber die externe Verschuldung von Staaten wie von Unternehmen drastisch verringert werden. Dies geht nur durch alternative Finanzierungsmodelle, in deren Zentrum wenig volatile Faktoren wie Raum und Bevölkerung stehen. Sie bilden das, was als Gemeinschaftsprodukt den Kern jeder Volkswirtschaft ausmacht.

Wirtschaft neu erfinden – das heißt zumindest für mich: neue Bewertungsformen finden, die nahtlos mit der durchaus funktionierenden Dynamik des Kapitalismus harmonieren. Im Grunde geht es um ein neues Asset Management für Staaten, Regionen und Unternehmen. Ein Beispiel: Noch vor gar nicht langer Zeit wurden Maschinen und Werkshallen sehr hoch bewertet, weil der Aufwand zu ihrer Errichtung und Erhaltung sehr groß war. Heute sind die westlichen Industrieländer mit wertlosen Werksgeländen und Maschinen gepflastert, die nur noch Schrottwert haben. Die folgenden Überlegungen sollen einen Einblick in die Forschungsarbeit der Neubewertung geben. Sie werden mit einer Betrachtung zur Geschenkökonomie eingeleitet und widmen sich dann den Gemeingütern, deren Wert eine stabile Alternative zu den volatilen Geldströmen darstellen könnte.

III.2 Auf den Spuren der postmodernen Geschenkökonomie

Profit sei der Treiber der Wirtschaft, haben wir gelernt. Wirklich? Schaut man genauer hin, werden viele Waren und Dienstleistungen nicht, wie üblich, verkauft, sondern kostenlos abgegeben. Freiabos, Freiflüge, Freeware, Subventionen – unsere Geschenkökonomie ist größer, als wir meinen. Und sie ist keineswegs nur eine durchschaubare Marketingaktion. Offensichtlich gehen wir mit unserem Reichtum weitaus freigiebiger um, als unser Bild der Wirtschaft nahelegt.

Der betagte Herr lächelt mich in tiefer Dankbarkeit an: Ich hatte signalisiert, dass er den Platz neben mir einnehmen dürfe. Wir starten zum Inlandsflug Peking – Shenzhen. Seine umliegend verteilte Familie besteht aus etwa 15 Personen jeden Alters und ist mit reichlich Proviant ausgerüstet. Während ich zwischen geräucherten Schweinefüßen und getrocknetem Oktopus wählen darf, berichtet mir das des Englischen mächtige weibliche Familienoberhaupt vom Sinn ihrer Reise im nagelneuen Airbus 320 mit Ledersitzen: Familien hätten in China das Anrecht, für ihre Treffen verbilligte Flugtickets zu bekommen, je älter oder jünger das Familienmitglied, desto billiger. Opa habe 100 Renminbi, umgerechnet zehn Euro, für den Flug bezahlt. Eigentlich müsste ich, da ich 250 Euro bezahlt habe, ärgerlich sein – aber mich amüsiert die Geschichte von einem Land, das neue Airbusse kauft, um die doch relativ zahlreichen Senioren Chinas zu Qigong-Übungen und gemeinsamer Zeitungslektüre zusammenzuführen.

Diese Geschichte sollte ein Puzzlebaustein einer Story werden, deren Dimension sich erst langsam erschloss. Eine Story, die die verbreiteten betriebs- und volkswirtschaftlichen Lehrmeinungen in einer Art in Frage stellte, dass man meinen könnte, der Kapitalismus sei zu einem einzigen Zwecke, nämlich zur Erfüllung der kommunistischen Utopie, geschaffen worden.

Dass ausgerechnet eine der luxuriösesten Errungenschaften der Neuzeit, das Fliegen, zu einer kommunistischen Volksverwöhnung wurde, entbehrt nicht der tieferen Ironie. Schließlich behauptet die marktwirtschaftliche Ideologie ja hartnäckig, der Preis von Gütern würde durch ihre Knappheit, durch Angebot und Nachfrage bestimmt. Wenn man aber das Kerosin von der Benzinsteuer befreit und die Flugzeuge mit Steuermilliarden entwickelt und verkauft werden, dann gibt es irgendwann so viele Flugzeuge und Flughäfen, dass nicht nur jeder Jugendliche aus Bottrop, sondern auch jeder Rentner aus China zum Fliegen animiert werden muss, um die permanente Auslastung zu gewährleisten.

Meine Söhne lauschten gespannt, als ein befreundeter Unternehmensberater uns erzählte, er habe das elysische Stadium eines HON erreicht. Diese Abkürzung für »Honorable« ist ein internes Codewort für eine äußerst intime Auszeichnung, die nur nach der intensiven Analyse der Flugreisen des Ausgezeichneten vergeben wird. Nur wer innerhalb zweier aufeinanderfolgender Jahre auf regulären Linienflügen mehr als 600 000 Flugmeilen mit Airlines der Star Alliance zurücklegt, wird HON. Unser Bekannter erzählte, dass HONs in allen First-Class-Lounges alles umsonst bekommen, Internet, Telefon und Fax inbegriffen. HONs dürfen das Flugzeug als Erste verlassen und als Letzte betreten. Wenn ein HON verspätet zu seinem Anschlussflug landet, transferiert ihn eine Limousine direkt vom Rollfeld zu dem Anschlussflug, der auch ein paar Minuten wartet, wenn es darauf ankommt. Und nicht zuletzt bekommt er alle Tageszeitungen kostenlos nach Hause geliefert: *Financial Times, Handelsblatt, Süddeutsche Zeitung, Frankfurter Allgemeine, Welt, Herald Tribune, Financial Times Deutschland.* Manchmal gibt er uns die nach seinen Flugorgien liegen gebliebenen Stapel. Flugzeuge und Flughäfen werden bereits von kostenlosen Zeitungen und Zeitschriften überschwemmt, HONs werden überflutet. Flughäfen und Airlines sind offenbar ein Hauptanziehungspunkt einer besonderen Form von Ökonomie, in der Waren und Dienstleistungen nicht, wie sonst üblich, verkauft, sondern kostenlos abgegeben werden: der Geschenkökonomie.

Ihre Wurzeln sind nicht leicht zu ergründen. Von den alten griechischen Seefahrern wird berichtet, dass sie ein ganzes Schiff nur zur Besänftigung von Neptun bauten – und das nagelneue Schiff versenkten. Als Potlach bezeichneten die Chinook-Indianer ein orgiastisches Fest, das ausschließlich dem Beschenken der Gäste diente. Wer je einmal in Osteuropa, Arabien oder Asien von einer Sippe eingeladen wurde, kann noch immer ähnliche Erfahrungen mit Großzügigkeit und Üppigkeit machen. Während hier Schenken und die Opfergabe im Mittelpunkt standen, rückte in neuerer Zeit dann das Geschäft in den Vordergrund. So wird vom amerikanischen Ölmagnaten John D. Rockefeller berichtet, sein Reichtum gründe darauf, dass er den Goldgräbern im Wilden Westen Petroleumlampen geschenkt habe – um ihnen anschließend für gutes Geld Petroleum zu verkaufen. Diese Geschichte wird zwar immer wieder kolportiert, ließ sich aber nicht bestätigen. Dafür eine andere, ziemlich ähnliche, die allerdings an einem gänzlich anderen Schauplatz spielte. Man schrieb das Jahr 1928. Die Burmah Oil Company fusionierte in Indien mit der Asiatic Petroleum. Auf der Suche nach neuen Absatzmärkten hatte man die geniale Marketingidee, in den entlegensten Dörfern Indiens kostenlos Petroleumlampen zu verteilen. Irgendwann, so die Kalkulation, würde das mitgelieferte Petroleum ausgehen und die Burmah Oil als einziger Lieferant zahlreiche Dauerkunden gewinnen. Die Rechnung ging auf. Als Bharat Petroleum Corporation existiert die Gesellschaft noch heute. Sie gehört zu den 500 größten Unternehmen der Welt.

Oder war das der Beginn der Geschenkökonomie: Das mit Kriegern gefüllte hölzerne Pferd, das die listigen Griechen, auch Danaer genannt, nach Troja einschleusten, nannte man auch ein Danaergeschenk. Bis heute bezeichnet dieser Begriff ein Geschenk, das sich dem Empfänger als unheilvoll und Schaden stiftend erweist. Darauf geht wohl auch der für PC-Besitzer leidvolle Begriff des Trojaners zurück, also eines Softwarebausteins, der, auf einen Rechner eingeschleust, dort sein unheilvolles Eigenleben entfaltet.

Überhaupt ist die Computerwelt ein beliebtes Spielfeld der Geschenkökonomie. Mitte der 90er Jahre des letzten Jahrhunderts entwickelte beispielsweise die US-Softwareschmiede Adobe ein plattformübergreifendes Dateiformat für Dokumente, PDF genannt. Den zugehörigen Acrobat Reader gab es selbstverständlich kostenlos. Damit aber entstand Bedarf für die ebenfalls von Adobe vertriebene Software zur Erstellung von PDF-Dokumenten. Erst seit kurzer Zeit gibt es auch dafür wiederum kostenlos herunterladbare Software. Adobe ging es so gut, dass das Unternehmen die nach dem gleichen Modell arbeitende Firma Macromedia übernehmen konnte, die durch ihren Flash-Player jedem Internetnutzer ein Begriff ist. Mit einem Kurs von derzeit 35 Dollar hat Adobe viele andere Softwareanbieter überlebt und zählt mit Microsoft und SAP zu den größten Softwareunternehmen der Welt. Erfolg durch Geschenkökonomie.

So verwundert es nicht, dass man heute meist an kostenlose Software, sogenannte Freeware, denkt, wenn es um Geschenkökonomie geht. Doch die Währungen der Geschenkökonomie sind zahlreich und laufen immer auf das Gleiche hinaus. Ein Drucker für 49 Euro, bei dem jede Patrone auch 49 Euro kostet. Ein durch fünf Werbeinseln zerfledderter Spielfilm, der einem die wertvolle Freizeit nimmt. Das schlechte und komplizierte, werksseitig mitgelieferte Programm auf dem PC. Der Geschenkgutschein, den man nur in einer weit entfernten Filiale einlösen kann. Freiflüge, die nach einem Jahr verfallen. Kostenlose Telefonminuten für Netze, in die man nie anruft. Das Probeabonnement, das man vergisst abzubestellen. Der Rabatt beim Neuwagen, den man auch so für dieses Auslaufmodell bekommen hätte. Die Geschenkökonomie – ein Umschlagplatz für Danaergeschenke?

Geschenkökonomie – zunächst klingt das nach Wunder und unverhofftem Reichtum. »Gratuliere, Sie haben soeben einen neuen 3er BMW gewonnen«, heißt es im Internet. Nun, Menschen wie mich, denen ein 3er BMW aus Komfortgründen als Strafe erscheint, wird man damit nicht ködern können. Aber die Verheißung von Geschenken spricht doch eine Seite an, die man in der Wohlstands- und Überflussgesellschaft so gar nicht erwartet: eine bemitleidenswerte Mangelhaltung, aus der heraus einem selbst nichtige Gaben wie ein Lottogewinn erscheinen. Wie kann das sein? Welche Menschen – außer vielleicht Langzeit-Hartz-IV-Empfänger – können einem Gutschein über 10 Euro noch so viel abgewinnen? Die überraschende Antwort: viele, alle. Spieltheoretiker haben sich intensiv mit Gewinnsituationen befasst und dabei festgestellt, dass die Angst vor Verlust größer ist als die Freude über Gewinn. Dennoch freut man sich über einen Gewinn, der unverhofft kommt. In Großbritannien hat ein Fernsehteam einmal Zehn-Pfund-Scheine in Telefonzellen liegen lassen und anschließend gefilmt, wie sehr sich die glücklichen Schatzfinder freuten. Sie freuten sich auch noch, als nur ein Pfund dort lag.

Halten wir also fest: Eine Geschenkökonomie beginnt mit einem unerwarteten und unerhofften Vorteil.

»Beim Kauf einer Villa in unserem Golf Resort Eulalia erhalten Sie einen Mercedes der A-Klasse kostenlos dazu.« Ein solcher Gutschein für ein 30 000-Euro-Auto klingt schon nach etwas. Die Villa allerdings kostet 650 000 Euro, und allein die monatliche Nebenkostenpauschale für Gärtner, Pförtner, Security, Pool und Golfplatz beträgt rund 1000 Euro – da relativiert sich doch die Größe des Geschenks.

Der Straßenmusikant vor Tengelmann bietet mir seine CD als Geschenk an. Ich lehne freundlich ab, da er mir schon einmal eine geschenkt hat. Er ist ein besessener Geschenkökonom. Die CD ist übrigens gar nicht so schlecht, wie sein Spiel vermuten lässt, wenn er »When the Saints Go Marching In« auf einer Westerngitarre spielt. Aber ein umwerfendes Geschenk ist die CD dann doch nicht.

Was lernen wir daraus? Offensichtlich ist es für die Attraktivität eines Geschenks entscheidend, dass es auf einen Mangel trifft. Mangel, nach fast 50 Jahren andauerndem Wirtschaftswunder? Das klingt absurd. Wie kommt es, dass wir uns noch immer als benachteiligte Mängelwesen fühlen, obwohl doch die meisten von uns in Wohlstand gebettet sind? Und wir in einer historisch nie gekannten Massenverbreitung von Luxus und Freizeit leben? Der Philosoph und Kulturwissenschaftler Peter Sloterdijk hat dazu sehr provokante, allerdings kompliziert vorgebrachte Ansichten. In dem Kapitel »Auftrieb und Verwöhnung«, das sich im dritten Band seiner Anthologie Sphären findet, schreibt er: »Wer sich bereits im Feld der ökonomischen Begünstigungen befindet, wird in den Strömen der Wunsch-Raffinerie mitbewegt, die das Begehren der Vielen in zahllose Richtungen elaboriert.« Sloterdijk sieht eine »universelle Kleptokratie« am Werke, in der alle an einer verwöhnenden Allmutter des Wohlstandes saugen, darin aber immer unzufriedener werden und dabei den »Miserabilismus« hervorbringen: die Notwendigkeit, ständig neue Mangelgebiete zu entwickeln, die einen dann den erworbenen Reichtum nie genießen lassen. Kinderarmut. Dritte Welt. Klimakatastrophe. Sloterdijk meint das nicht zynisch. Für ihn sind wir längst in einer Kultur des grenzenlosen Schenkens angelangt, wagen es aber nicht, uns diesem paradiesischen Zustand hinzugeben. Stattdessen geben wir Wachstumsparolen aus wie in der Nachkriegszeit und werden täglich gemahnt, »den Gürtel enger zu schnallen«.

Dabei hätte gerade Deutschland allen Grund, 60 Jahre nach Kriegsende endlich den erreichten Wohlstand zu genießen. Stattdessen wird bereits die Entlassung von 2000 der mittlerweile 41 Millionen in Lohn und Brot stehenden Bundesbürger als nationales Desaster zelebriert. Die historischen Höchststände in Sachen Wohlstand werden in der Tat nicht gerade freudig gefeiert. Regierung, Arbeitgeber, Arbeitnehmer verbindet eine Kultur des Meckerns und Jammerns zu jeder Gelegenheit. 2008 wurde Deutschland bereits zum fünften Mal in Folge Exportweltmeister – und was passierte? Man beklagte, dass es wohl das letzte Mal sein werde, weil China so stark aufhole. Mal sind wir dabei »abzusteigen«, dann wird wieder »der Anschluss« verpasst.

So verwundert es auch nicht, dass die Geschenkökonomie in Deutschland keinen leichten Stand hat. Businesspläne, die auf für Endverbraucher kostenlosen Diensten beruhen, hatten in Deutschland nur kurz vor dem Crash der New Economy eine Chance. Der deutsche Venture-Capital-Geber sieht immer noch lieber den Medikamentenentwickler, den Werkstoffzauberer oder den Solaringenieur als den Entwickler von Freeware. Die Bürgschaftsbanken der Länder und des Bundes, etwa die KfW-Bankengruppe, lehnen nämlich Kapitalgarantien für Unternehmen ab, deren Verbreitungsmodell auf Freeware beruht. Der Blick in den Haushalt des Bundesministeriums für Wirtschaft zeigt, warum: Da waren im vergangenen

Jahr 1,94 Milliarden für die zukunftsweisende Steinkohleförderung vorgesehen (Etatposten 01), aber nur 48 Millionen für die Zinszuschüsse des gesamten deutschen Mittelstandes (Etatposten 06) für ERP-Darlehen.

Wir lernen: Einer Geschenkökonomie liegt ein Businessplan zugrunde. Wer schlau ist, sorgt dafür, dass der vermeintlich Beschenkte das Produkt nicht ablehnen kann, indem er es fest an ein anderes Produkt koppelt. Ein Danaergeschenk also. Wer einen Laptop kauft, muss ein Windows Vista dazunehmen, obwohl er schon ein Windows 2000, zwei Windows 2003 und ein Windows XP hat. Microsoft veröffentlicht keine Zahlen darüber, wie viele Menschen sich freiwillig Microsoft-Produkte kaufen, aber es dürften nicht sehr viele sein. Die meisten müssen sie als Geschenk akzeptieren. So wie junge Paare aus Köln im Urlaub dahin fliegen müssen, wo der 15-Euro-Flug hingeht: im Februar nach Dublin, im Juli nach Agadir. Hausfrauen fahren hunderte Kilometer mit dem Auto, um ihre Rabatte dort einzulösen, wo sie sie einmal erhalten haben.

Die Werbung versucht, die Geschäftsmodelle der Geschenkökonomie zu kopieren, ohne ihren Sinn begriffen zu haben. »Wenn Sie zwei Schnitzel bestellen, bekommen Sie ein drittes gratis!« – diese Werbung hat mich immer amüsiert. Würden wir wirklich zu zwei VW Golf auch noch einen dritten haben wollen? Unerfahrene Mitspieler der Geschenkökonomie glauben, dass bereits eine höhere Quantität als Geschenk empfunden wird. Bei Schweinefleisch und VW Golf ist das allerdings nur bedingt der Fall. Auch Freiminuten in Netze, in die man nicht telefoniert, sind keine Geschenke. »Bestellen Sie unseren kostenlosen Newsletter« – gibt es denn einen kostenpflichtigen Newsletter?

Das ehrwürdige *Wall Street Journal,* das zwei Jahre lang versuchte, seine Inhalte nur noch zahlenden Benutzern anzubieten, hat dies nun aufgegeben. Bezahlte Inhalte laufen nur in Nischen, nicht bei Nachrichten oder Börsenkursen, die es überall gratis gibt. Geschenkökonomie pur. Die Nachrichten kommen längst nicht mehr täglich, sondern minütlich daher. Wir haben sie als Geschenk akzeptiert. Doch wir bezahlen mit Aufmerksamkeit, also mit unserer Lebenszeit – eine Währung, deren Kurs im Laufe der Jahre steigt, weshalb die Geschenkökonomen gerne die Zielgruppe der 14- bis 49-Jährigen ansprechen. Denen ist noch nicht bewusst, wie viel Zeit sie opfern – und dass sie diese Zeit auch sinnvoller verbringen könnten. Und doch können wir stolz sein, offensichtlich über solche Mengen an Zeit zu verfügen, dass Peter Sloterdijk von einer »Massenentlassung der Einzelnen in ihre eigene Lebenszeit« spricht. Mussten nämlich 1850 die Menschen noch 4000 Stunden jährlich arbeiten, fast die Hälfte ihrer Jahreszeit, sind nun gerade 1700 Stunden übrig geblieben. Nach dem korrekten Abzug von acht Stunden täglicher Schlafzeit bleiben nach Sloterdijk deshalb von 8760 Stunden jährlich ungeheure 4140 Stunden disponibel. Damit ist für Fernsehen und Software ein dauerhafter Markt vorhanden, auf dem sich unzählige Businesspläne tummeln können.

Wir stellen fest: Geschenkökonomie braucht tauschbare, nicht monetäre Güter, etwa Lebenszeit oder Gesundheit. Wir tauschen sie in der Hoffnung, einen fiktiven Mangel zu beheben. Das kann ein Mangel an Gütern, an Komfort oder an Lifestyle sein. Vor dem Fernseher geben wir unsere Zeit her, da wir nicht wissen, was wir mit so viel Zeit anfangen sollen. Viele Frauen werden mit 58 pensioniert und leben dann bis 90. Was sollen sie in diesen 32 Jahren unternehmen?

Die Geschenkökonomie wird Antworten liefern. Kinder müssen zumindest in der Grundschule bereits um zwölf Uhr nach Hause. Dabei entsteht täglich eine derartige Freizeitblase, dass weder Fernsehen noch Playstation noch Vereinssport und Konsum auch nur im Entferntesten in der Lage wären, sie auszufüllen. Zurück zu dem Beispiel aus Indien: Auf den Dörfern war es derart zappenduster, dass eine Petroleumlampe als buchstäbliche Erleuchtung erschien.

Es gibt aber auch viel banalere Gründe, die zur Zunahme von Geschenken führen: die Überproduktion zum Beispiel. Nehmen wir die Altkleidung. Wir geben sie zur Kleidersammlung des Roten Kreuzes, das diese wiederum nach Afrika bringt. Man kann sich leicht ausrechnen, dass Afrikaner vielleicht nicht ganz so viel Kleidung brauchen. Jedenfalls ist seitdem die afrikanische Bekleidungswirtschaft, von der Näherin bis zum Pulloverfabrikanten, zusammengebrochen. Gegen zwei Milliarden Kleidungsstücke aus Deutschland ist jeder Händler machtlos. Auch Milch wird in Afrika nicht mehr produziert, seit wir unsere Milchüberschüsse dorthin entsorgen. Der Entwicklungshilfe genannte karitative Gütertransfer von Medikamenten, Wasserpumpen, Pick-ups, von Radios und Telefonen, Druckern, Laptops und Wasserentsalzungsanlagen verdirbt überall die Märkte.

Trotzdem wäre es falsch, Geschenkökonomie nur unter den Gesichtspunkten von Produktion, Marketing und Absatz zu betrachten. Geschenkökonomie beginnt im Grunde viel früher, bei der Schöpfung aus dem Nichts, der *creatio ex nihilo*: Wenn nämlich nicht schon etwas da wäre, dann gäbe es auch nichts, was sich daraus entwickeln könnte. Im Englischen nennt man dieses Etwas *the commons*: das, was allen gehört. Luft, Wasser, Erde, Natur eben. Unser Wohlstand beruht zum guten Teil auf diesen Geschenken der Natur. Je talentierter eine Gesellschaft diese Geschenke nützt, desto wohlhabender ist sie. Die Deutschen mögen vielleicht in der Softwarewirtschaft schlecht abschneiden, wenn es aber um die Verfügbarkeit von Allgemeingütern geht, ist Deutschland Weltspitze. Wo sonst, außer in ein paar west- und mitteleuropäischen Ländern, kann man fast überall frei auf Wanderwegen in die Natur gehen, klares Wasser aus der Quelle trinken? Und wo sonst bekommt jedes Kind in 25 Jahren zusammengerechnet bis zu 46 200 Euro Kindergeld – ohne Verzinsung? Würde das Geld angelegt, wären es etwa 75 000 Euro. Wo kann man – sofern man es cool genug findet – umsonst zur Schule gehen und mit BAföG studieren? Auch im Krankenhaus fragt in Deutschland niemand, ob man versichert ist. Unsere Geschenkökonomie ist größer bei einem Notfall als man vermuten könnte, und sie ist keineswegs nur eine durchschaubare Marketingaktion. Offensichtlich gehen wir mit unserem Reichtum doch weitaus freigiebiger um, als es das Berufsgejammer und die Geiz-ist-geil-Werbesprüche erwarten lassen. Ja, es scheint, als mache es uns Freude, zu schenken. Wir mögen an uns selbst oft sinnlos sparen – wenn es um andere geht, ziehen wir gerne die Spendierhosen an. Wer weiß, vielleicht ist Deutschland wirtschaftlich nur deshalb so erfolgreich geworden, weil Deutsche in vielen Ländern als Pioniere am Aufbau mitgewirkt haben? Was wären Liechtenstein, Luxemburg und die Schweiz ohne deutsche Fluchtgelder, der Nahe und Mittlere Osten ohne unsere Schmiergelder, Afrika und Lateinamerika ohne unsere Entwicklungshilfe? Gibt es ein einziges Ökodorf irgendwo auf der Welt, in dem nicht bereits eine deutsche Touristin 200 Euro gelassen hat? Wo auf der Landkarte gibt es ein Entwicklungsland, dem wir noch nicht einen Masterplan zum Aufbau seiner Verwaltung und Verkehrsinfrastruktur geschenkt haben? Der deutsche Staat mit seinen tausenden internationalen Förderprogrammen ist eine verwöhnende Allmutter, an deren Brüsten längst die ganze Welt saugt. Durch weitgehenden Verzicht auf Steuern auf Güter und Vermögen ermöglicht er den Transfer deutscher Wertgegenstände wie Porsches, Mercedes, Audis und BMWs, von Immobilien und Firmenanteilen ins Ausland. Im Grunde ist alles subventioniert. Der gesamte deutsche Export ist eine Geschenkökonomie, solange der deutsche Staat lieber weitere Schulden macht, anstatt Vermögen und Güter zu besteuern, nicht nur kleine Erwerbseinkommen und den Schokoriegel am Kiosk.

Aber man kann wohl kaum leugnen, dass diese Geschenkökonomie ungeheuer erfolgreich ist und letztlich auch die Heimat zum entspannten Paradies für Lebenszeitüberschüsse macht: Frei von Luftverschmutzung, Lärm und 60-Stunden-Woche genießt der weitaus überwiegende Teil der 82 Millionen Menschen in Deutschland entweder mit der Bierdose vorm Fernseher, im Fitnessstudio und im Fußballstadion oder aber mit Champagnerglas auf dem Golfplatz oder Prosecco im Theater die Zeit bis zum immer ferner rückenden Ableben. Beschenkte, das müssen wir zugeben, sind wir doch alle.

III. 3 Neue Gleichung: Gemeinschaftswert = Zeit + Raum

Jede Bewertung in Geld ist grundsätzlich und immer eine Einladung, diese Bewertung zu manipulieren. Da es aber zu Geld als Tauschmittel durch die komplexe arbeitsteilige Vernetzung der Weltwirtschaft keine Alternative gibt, wird dieses Wertfälschungspotenzial jede Geldwirtschaft immer begleiten. Zwar gibt es immer wieder durchaus funktionierende Tauschringe auf lokaler Ebene, etwa den Chiemgauer im bayerischen Chiemgau, aber so komplexe Vorgänge wie den Bezug von Elektrizität, eine Flugreise oder Telekommunikation sind durch Tausch nicht herstellbar.

Neue Ansätze sind allerdings denkbar in der Bewertung, also der Übersetzung eines Gutes oder einer Leistung in das Tauschmittel Geld. Zumindest seit 1945 ist die Parole »Zeit ist Geld« auf den Plan getreten, die sozusagen den ständig laufenden Prozess der Optimierung und Rationalisierung beschreibt. Sie führte dazu, dass lange Zeit Leistungen höher vergütet wurden, wenn sie schneller geliefert wurden oder zu einer Zeitersparnis führten. Paradebeispiel war das Überschallflugzeug Concorde, dessen Betrieb aber eingestellt werden musste, weil zu wenig Kunden bereit waren, für eine Einsparung von drei, vier Stunden einen Aufpreis von mehreren tausend Euro zu entrichten. ICE und TGV dagegen konnten immer mehr Fahrgäste gewinnen, die bereit waren, einen Geschwindigkeitszuschlag zu entrichten. Für einen überwiegenden Teil der Berufstätigen sind inzwischen sehr strenge und detaillierte Zeit- und Arbeitspläne aufgestellt, anhand derer ihre Leistung als sogenannte Produktivität beurteilt wird.

Kluge Arbeitgeber haben festgestellt, dass mit gleitender Arbeitszeit eine höhere Produktivität erzielt wird und Mitarbeiter besser ergebnisbezogen beurteilt werden als mit der Stechuhr der Anwesenheitskontrolle.

Dabei ist eine Zwei-Zeiten-Gesellschaft entstanden. Auf der einen Seite arbeiten Menschen extrem produktiv und verdienen mehrere hundert Euro die Stunde, sind dann aber nach der Arbeit ausgepowert und erholungsbedürftig. Sie müssen deshalb ihren hohen Verdienst in teure Konsum- und Wellnessprodukte umsetzen, ohne deren kompensatorische Wirkung sie nicht in der Lage wären, ihre Höchstleistung täglich zu erbringen.

Auf der anderen Seite sind immer mehr Menschen als Rentner, Arbeitslose und Teilzeitkräfte einem Übermaß an Freizeit ausgesetzt. Zwar dient auch diese Freizeitmasse wiederum dem Konsum, aber aufgrund fehlender Finanzmittel kann nur ein kleiner Teil der Zwangsarbeitslosen seine gewonnene Zeit produktiv nutzen. Es entsteht ein gigantischer Zeitüberschuss, der zugleich ein soziales Potenzial birgt: Schließlich könnte diese Zeit ja auch für Anliegen der Gemeinschaft verwendet werden.

Die Vielarbeiter dagegen haben fast immer einen extremen Zeitmangel. Nur wenige Gesellschaften, etwa Holland, Schweden und die Schweiz, haben mit einem ernsthaften Angebot an Teilzeitarbeit dafür gesorgt, dass es zu einem gewissen Ausgleich zwischen Workaholics und Arbeitslosen kommt.

Wenn wir nun versuchen, den Wert einer Volkswirtschaft zu beurteilen, also die Summe der Leistungen, die die Menschen eines Staates, einer Region oder einer Stadt erbringen, dann geschieht das noch immer dadurch, dass die monetäre Gesamtleistung der Gemeinschaft durch die Anzahl ihrer Mitglieder geteilt wird. Das Ergebnis ist das Bruttosozialprodukt pro Kopf. Wir konnten bereits zeigen, wie dieses manipuliert werden kann, jüngst etwa durch die Miteinbeziehung von Hausarbeit, Kindererziehung und Altenpflege.

Was wir wenig oder gar nicht manipulieren können, sind Zeit und Raum. Die verfügbare Zeit steigt kontinuierlich mit der Lebenserwartung. Der Raum stagniert. Er ist beschränkt auf die ewigen Grenzen von Kontinenten, Nationalstaaten, Regionen und Ortschaften. Die Zeit der Eroberungskriege um Raum ist schon lange vorüber. Nur in wenigen Weltgegenden wird noch um Lebensraum gekämpft. In Europa hat man sich allerorten mit dem zugeteilten Raum abgefunden.

Nun liegt es aber im Wesen des Raumes, dass er ein Nutzungs- und Siedlungspotenzial beinhaltet. Dieses mag durch Naturschutzinteressen beschränkt sein – was immer wieder zu lokalen Konflikten führt –, aber es ist zumindest in Europa mit wenigen Ausnahmen wie Holland oder der Deutschschweiz, des Ruhrgebietes, der Ile-de-France oder der Lombardei in einem Ausmaß vorhanden, das eine Neubewertung nahelegt. Es liegt nämlich ein unendlicher Luxus in der Ansicht, weite Gebiete Europas nur noch durch eingeborene Empfänger staatlicher Transferleistungen wie Bauern, Naturschützer und Pensionäre zu besiedeln, Gebiete, in denen neue Bürger blühende Zivilisationen schaffen könnten. In diesen Gebieten trifft ein Überfluss an Zeit mit einem Überfluss an Raum zusammen. Beide Potenziale nicht zu nützen, ist eine politische Entscheidung. Sie verdammt die Arbeitslosen zur Untätigkeit und die Landschaft zur verwunschenen Brache.

Wenn wir nun beide Aspekte zur Ermittlung des Wertes dieses Gebietes heranziehen, also Zeit und Raum, kommen wir zu einem völlig anderen Ergebnis als durch die bisherige Berechnung nach der monetären Leistung des Gebietes. Die Initiative Neue Soziale Marktwirtschaft bietet das INSM Regionalranking als Methode an, Zukunftschancen und Risiken von Regionen zu beurteilen. Besonders schlecht bewertet die INSM zum Beispiel den thüringischen Unstrut-Hainich-Landkreis. Im Ranking der deutschen Landkreise und kreisfreien Städte nimmt er den Platz 371 ein. Das ist fast am Tabellenende. 120 000 Einwohner bewohnen ein Gebiet von rund 1000 Quadratkilometern. Zum Vergleich: Die 7 Millionen Bewohner Hongkongs teilen sich 1108 Quadratkilometer. Auf Anregung der Bertelsmann-Stiftung hat sich im Unstrut-Hainich-Kreis eine Bürgerstiftung gebildet, die bisher ca. 650 000 Euro an Mitteln aufgebracht hat. Seit 1991 haben die Rechenkünstler des Statistischen Bundesamtes es durch die Einrechnung von schuldenfinanzierten Staatsausgaben geschafft, dass das BIP je Einwohner in Thüringen von 6625 Euro im Nachwendejahr 1991 auf 21 875 Euro im Jahre 2008 gestiegen ist. Das wären über 300 Prozent oder anders gesagt: Das BIP-Wachstum Thüringens entspräche dem der Volksrepublik China. Auch das Privateinkommen der Haushalte hat sich von 18 000 Euro auf 34 000 Euro fast verdoppelt.

Das alles hat mit der Realität wenig zu tun, denn nach 1991 wurden kaum neue Wirtschaftsbranchen mit zweistelligen Wachstumsraten in Thüringen angesiedelt. Im Gegenteil: Die meisten Industrien, etwa die dort ansässige DDR-Automobilindustrie, wurden stillgelegt. Die Entwicklungspolitik Thüringens ist bis heute in erster Linie auf teure Infrastrukturmaßnahmen und Industrieansiedlungen ausgerichtet. Wie man dem Subventionsbericht des Freistaates Thüringen entnehmen kann, wurde alleine in den Jahren 2005, 2006 und 2007 im Schnitt die Wirtschaft mit je 1,3 Milliarden Euro jährlich subventioniert.

Der Haushalt 2010 in Höhe von knapp 10 Milliarden Euro wird eine Neuschuldenaufnahme von einer Milliarde Euro erfordern. Zusammen mit 2,38 Milliarden Euro für die Staatsdiener des waldreichen Freistaates, die selbstverständlich in das Bruttosozialprodukt eingerechnet werden, wird somit ein irrealer Blick auf die Volkswirtschaft geworfen: schuldenfinanzierte Ausgaben erhöhen das BIP pro Kopf in chinesischem Tempo. Die Steuerdeckungsquote des Haushaltes betrug 2009 noch 54,56 Prozent. Nun, 2010 steht sie bei 43,51 Prozent. Jedes Unternehmen, dessen Ausgaben nur noch zu 43,51 Prozent aus Umsätzen gedeckt sind, müsste sofort Insolvenz anmelden. Der Ministerpräsident des Landes war deshalb froh, nach seiner Abwahl als Top-Manager bei der Firma Magna unterzukommen, deren Töchtern er in Thüringen Subventionen in dreistelliger Millionenhöhe verschaffen konnte.

Darf man vor diesem Hintergrund die Bewertung einer Volkswirtschaft nach den Methoden des Bruttosozialproduktes in Frage stellen?

Zunächst ist die Messung eines schuldenfinanzierten Wachstums ja ein Blick auf die Vergangenheit, nicht auf die Zukunft. Steuereinnahmen und Subventionen aus Länderfinanzausgleichen können aber von einem Jahr auf das andere wegfallen. Umsätze künstlich am Leben gehaltener Unternehmen stellen sich gar nicht erst ein. Kurz: Die damit verbundene Volkswirtschaft steht auf tönernen Füßen. Demgegenüber ist die Verfügbarkeit des Raumes – Naturkatastrophen einmal ausgenommen – sehr konstant. Wenn nun die Besiedlungsdichte – wie in Thüringen – nicht mehr durch Einwanderer oder Geburtenwachstum gesteigert wird, ja sogar abnimmt, dann kann Raum sogar zunehmen. Interessanterweise verhält es sich nun genauso mit der verfügbaren Arbeitszeit: Wenn diese seit Jahrzehnten bei rund 1650 Stunden jährlich stagniert, ist dort kein Wachstum zu erwarten. Im Gegenteil: Durch den Rückgang von Vollerwerbsarbeitsplätzen und durch eine höhere Lebenserwartung sinkt sie auf die Bevölkerung hochgerechnet kontinuierlich. Für viele notleidende deutsche Landkreise heißt die Herausforderung deshalb: Wie können wir wachsenden Raum mit wachsender Zeit verbinden? Beide, verfügbarer Raum wie Lebens- und Arbeitszeit, weisen eine für die Verhältnisse der Wirtschaft sensationelle Stabilität auf, das heißt, sie verändern sich in Friedenszeiten nicht einmal um ein halbes Prozent pro Jahr. Sie sind damit gänzlich konjunkturunabhängig. Die Frage aber bleibt, wie denn nun Raum und Zeit volkswirtschaftlich sinnvoll genützt werden können. Nach der bereits unter Hitler bestehenden Logik, über den schuldenfinanzierten Bau von Autobahnen Raum und Zeit gleichermaßen zu nützen, wird das Land mit

Bauten zugepflastert, deren einziger Sinn darin besteht, das statistische Wachstum und die Investitionsquote aufrechtzuerhalten. Das fast bankrotte Thüringen kann so von 2009 auf 2010 eine um sagenhafte 50 Prozent erhöhte Investitionsquote ausweisen, die wiederum vorgezeigt werden muss, um neue Schulden aufnehmen zu dürfen.

Dabei könnte Thüringen ganz entspannt an die Sache herangehen: Raum und Zeit sind dort im Übermaß vorhanden. Der Großteil der Rentner wird nicht aus der Landeskasse Thüringens, sondern von der Gemeinschaftskasse der Deutschen Rentenversicherung bezahlt, Folge der Abwicklung der DDR, während westdeutsche Länder absurde Pensionen und Krankheitskosten von durchschnittlich über 4000 Euro je Pensionär im Monat aus ihren klammen Landeshaushalten begleichen müssen. In Handel, Handwerk und Gewerbe herrscht eine gesunde, mittelständische Struktur vor. Zahlreiche Naturschönheiten, Städte und Denkmäler, unter ihnen das legendäre Weimar, ziehen nicht nur Transitreisende aus Frankfurt, Berlin und München, sondern auch internationale Besucher an. Mit rund 5000 Beschäftigten in der Solarindustrie konnte Thüringen in einer Zukunftstechnologie Fuß fassen. Da Thüringen über einen großen Wasserreichtum verfügt, könnten theoretisch Stauseen zusammen mit Solar- oder Windstrom aus Gebieten mit höherer Energieausbeute einen arbeitsteiligen, regenerativen Energieverbund bilden. Allerorten bestehen zahlreiche kleine Vereine wie freiwillige Feuerwehren, Sport- und Kulturvereine, Chöre und Bürgerinitiativen, die ein großes Maß an sozialem Kapital mobilisieren können.

Die Bewertung dieser Potenziale an nutzbarem Raum und einsetzbarer Zeit ist eine arbeitsintensive Aufgabe, aber wenn die einzige Alternative die Fortsetzung einer Scheinwirtschaft ist, deren ermitteltes Pro-Kopf-Einkommen zu 50 Prozent auf kurzfristigen und volatilen Finanzzuweisungen beruht, könnte sich der Aufwand lohnen. Im Gegensatz zu dem laut INSM bundesweit führenden Landkreis München-Land, in dem beide Potenziale – Zeit wie Raum – fast vollständig ausgeschöpft sind und in dem die Menschen die Hälfte ihres Einkommens nur für Wohnen und Fahrt zur Arbeit aufwenden müssen, birgt nämlich ein Landkreis wie Unstrut-Hainich die Chance, mit niedrigerem Aufwand besser zu leben. Die-

wächst, bleibt es in einem Zentralbereich der ökonomischen Forschung, in der Ökonometrie, bei den bewährten Instrumentarien, wenn es um die Messung volkswirtschaftlicher Stärke geht. Bewährt heißt: Auch nach der Finanzkrise und der mit ihr verbundenen Erkenntnis, dass Finanzzahlen keine Entsprechung in der Realwirtschaft haben müssen, werden volkswirtschaftliche Messgrößen in US-Dollar abgerechnet. Der weltweit wichtigste volkswirtschaftliche Bewertungsindex, die World Database of Economic Indicators der Weltbank, ermittelt noch immer das Pro-Kopf-Einkommen in Dollar. Beträgt in einem Land das Jahreseinkommen weniger als 1200 Dollar, wird es als »IDA (International Development Association)«-Land eingestuft. Das bedeutet: Dieses Land kann keine Anleihen oder Kredite auf den internationalen Kapitalmärkten aufnehmen, sondern ist beim Kapitalimport ganz auf Schwarzgeld und/oder Entwicklungshilfe angewiesen. Im Jahr 2008 bekamen 63 Staaten dieses Prädikat. Die derzeit publizierten internationalen Indizes weisen eine Gemeinsamkeit auf: Immer stehen Norwegen und die Schweiz ganz vorne. Das gilt sowohl für eher politische Indizes wie den World Peace Index, das gilt für ökonomische Hardliner-Indizes wie den Global Competitiveness Report des World Economic Forum, das gilt aber auch für die jüngst gelaunchten Indizes, den Index of Sustainability Development der Yale University und den Human Development Index der Vereinten Nationen.

Man könnte daraus folgern, dass die den Indizes zugrunde liegenden Benchmarks (früher nannte man das: Werte) aus Kulturen stammen, in denen die Gesellschaften Norwegens und der Schweiz als maßstäblich für alle Staaten der Erde angesehen werden. Beide Staaten sind bereits seit Jahrhunderten Demokratien und bestehen ganz überwiegend aus einer Mittelschicht, die in einem ungewöhnlich breiten, überparteilichen Konsens über das Wohl des Staates befindet. Wenige Menschen außerhalb Norwegens wissen, dass die norwegische Finanzministerin zeitweise eine Linkssozialistin war. Sowohl Norwegen als auch die Schweiz gehören zu den wenigen Staaten, die noch im Besitz einer eigenen starken Währung sind. Beide Staaten sind im Ausland so gut wie nicht verschuldet und weisen seit Jahrzehnten beträchtliche Außenhandelsüberschüsse auf. Beide Staaten haben mit 5 Millionen (Norwegen) und 7,7 Millionen (Schweiz) Einwohnern weniger Bürger als eine mittelgroße chinesische Stadt.

Warum diese Vorbemerkungen?

Es geht um die ökonometrische Messung von Gütern, die sich bisher der monetären Bewertung weitgehend entziehen. Die Notwendigkeit einer solchen Messung ergibt sich aus mindestens zwei Tatsachen:

1. Durch die Koppelung aller volkswirtschaftlichen Bewertungen an Währungen und Finanztransaktionen – so steigt etwa das Bruttosozialprodukt, wenn ein Staat einen kreditfinanzierten Krieg führt – unterliegen sie der gleichen Volatilität wie die Aktien- und Rohstoffmärkte. Da Investitionen, nicht nur in Anleihen und Kredite, sondern auch in Entwicklungshilfe in Volkswirtschaften aber extrem langfristig angelegt sind, gefährdet jede Volatilität die Investition. Im Ergebnis wird deshalb gerade in jenen Ländern, die nur durch neue Investitionen aus der IDA-Falle herauskommen könnten, nicht investiert. Dadurch wiederum verschlechtert sich das Rating usw. – ein Teufelskreis der Abwertung.
2. Die negative Etikettierung vieler Staaten durch die bisherigen unilateralen Indizes führt letztlich in eine völlige Blockade des politischen und wirtschaftlichen Austausches: Weder können diese Staaten die Bedingungen erfüllen, die ihnen von den Benchmarks vorgegeben werden, etwa bei Rechtsstaatlichkeit, Privatisierung, Wachstum, Bildung und demokratischer Infrastruktur, Freihandel und seit neuestem Umweltschutz und Frauenemanzipation, noch können sie akzeptieren, dass sie in ihrer Gesellschaft Werte einführen und leben sollen, die auch in Europa das Ergebnis jahrtausendelanger soziokultureller Entwicklungen waren und nicht auf die Masterpläne von Beratern aus Think-Tanks zurückgehen.

Man könnte diese beiden Gründe auch als einen kapitalistischen Grund, nämlich die Minimierung von Investitionsrisiken, und als einen geopolitischen Grund, nämlich die Minimierung von transnationalen Konflikten, bezeichnen. Es steht außer Frage, dass beide Gründe sich gegenseitig nicht nur beeinflussen, sondern bedingen.

Kann also eine ökonometrisch vorgehende Sozialwissenschaft einen Beitrag dazu leisten, Ernst zu machen mit der Mangelfreiheit postmoderner

Prägung? Kann sie die Falle einer unilateralen Normativität umgehen, die im Grunde in jeder Rede über Angelegenheiten »der Welt« unausweichlich ist? Oder können gerade postmoderne Intellektuelle durch ihren Zynismus und ihre Süffisanz, ihren Pessimismus und ihren fehlenden Glauben an die Glücksverheißung des Wohlstandes letztlich den Weg für eine Welt ebnen, weil sie eben der Mission Wachstum nicht mehr anhängen?

Immerhin existieren die beiden mit 2,5 Milliarden Einwohnern größten Gemeinschaften der Welt, China und Indien, gerade deshalb relativ stabil und friedlich – in China sogar ohne Hunger und Bürgerkrieg –, weil das Erreichen von individuellem Lebensglück und Wohlstand als oberstes Staatsziel dort gar nicht auf der To-do-Liste steht. Diese Tatsache ist aber nicht Folge einer vernünftig-realistischen Regierungspolitik, sondern, wie eben auch in Norwegen und der Schweiz, Folge einer jahrhundertelangen Entwicklung von Wahrnehmungen, Mentalitäten und Empfindlichkeiten, die wir gerne als östliche Philosophie bezeichnen und die uns schon lange fasziniert.

Sollte es zu der hier vorgeschlagenen ökonomischen Bewertung von Gemeingütern sozialer Art kommen, ist zu erwarten, dass die asiatischen Kulturen über enorme, versteckte Ressourcen an sozialem Kapital verfügen, die weit über das hinausgehen, was wir gerne in der uns begünstigenden Globalisierung als Humankapital durch das Währungsgefälle *en gros* einkaufen.

Der hier verwendete Begriff Gemeingüter kann auf Englisch sowohl mit Commons als auch mit Public Goods übersetzt werden. Joseph Stiglitz hat 2005 den Begriff Global Public Goods in einer Art verwendet, die eine nationale Nutzung und damit Verwertung ausschließt. Größtmögliche Gemeinschaftsgüter wären die auch als Commons bezeichneten Güter Luft, Wasser, Meer und Land. Die Weltklimapolitik ist letztlich eine rechtliche Verfügungspolitik über Gemeingüter, damit über Länder und Menschen, die Zugang zu wesentlichen Gemeingütern haben und damit letztlich über deren persönlichen Besitz. Weltklimapolitik ist, würde sie ernst genommen, die entschädigungslose Enteignung eines landwirtschaftlichen Grundstücks zum Bau einer ICE-Strecke. Weltethos ist dann der

Versuch, den Grundstücksinhaber durch Argumente zur freiwilligen Aufgabe seiner bisherigen Existenzgrundlage zu überreden.

Wir müssen feststellen, dass beide Methoden, die kalte Enteignung wie die Vernunfttherapie, derzeit weitgehend erfolglos sind. Es gibt bisher keine Weltpolitik. Es gibt deshalb auch keine Weltklimapolitik.

Jene Gemeingüter, die von jeher eine ökonomische Gewinnperspektive verhießen, etwa Trinkwasser, Holz, Weide- und Ackerland, Kohle, Erdgas und Erdöl, Edelmetalle und Edelsteine, Strände und Parks in Bestlage, wurden bereits lange vor dem Auftritt des Kapitalismus weitgehend der Gemeinschaft entzogen. In vielen Staaten – so besonders in Deutschland und Großbritannien – gilt dieser einst der Gemeinschaft geraubte Besitz als durch die Verfassung zu schützender heiliger Privatbesitz der *upper class*. In Russland haben die Oligarchen kreditfinanziert die Firmenanteile der Kombinate aufgekauft, die nach 1985 an die Mitarbeiter ausgegeben wurden. Es entstand der jüngste und größte Feudalstaat der Welt. Alle diese Güter wurden und werden ökonomisch bewertet – gewiss, es liegt eine Volatilität in dieser Bewertung, aber man könnte schwer von einem ökonometrischen Nachholbedarf sprechen.

Wenn wir unter *Commons* immaterielle Güter verstehen, dann könnte dies auf einer ersten Ebene einfach so definiert werden, dass es sich um Güter handelt, die derzeit nicht gehandelt werden können, aber dennoch eine zu definierende Auswirkung auf die Wirtschaft insgesamt haben. In Landwirtschaft, Wohnen und Tourismus werden Südlagen höher als Nordlagen gehandelt, ohne dass Süden und Sonne selbst Handelsgüter wären. Das Meer wird nicht gehandelt, aber im Meer gibt es gute und schlechte Fischreviere, um die erbittert gestritten wird. Der freie Zugang zum eigenen Land ist keineswegs überall so selbstverständlich wie in Mitteleuropa, wo öffentliche Wanderwege es ermöglichen, sich auch zu Fuß über Privatgrund zu bewegen. In den USA, in Italien und Frankreich ist der Zugang viel beschränkter – und damit haben wir bereits die ersten Ansätze für eine ökonometrische Betrachtung der Gemeingüter: Wie viel Prozent der Fläche eines Landes sind eigentlich jedermann öffentlich zugänglich? Wie viele Quadratmeter ergibt das pro Kopf bei welchem Quadratmeterpreis? Und wie gewichte ich dieses Gemeingut bei einer Gesamtbetrachtung aller Gemeingüter?

Mit dem Projekt des Global Commons Index, der das National Commons Product von Ländern vergleicht, ist seit 2006 ein Versuch entstanden, eine Bewertung von Gemeingütern zu entwickeln, die dem klassischen Bruttosozialprodukt bzw. Bruttoinlandsprodukt gegenübergestellt werden kann. In Deutschland wird das Bruttosozialprodukt vom Statistischen Bundesamt ermittelt. Es bildet die alleinige Grundlage für die vergleichende monetäre Bewertung beispielsweise der Quoten von Sozial-, Bildungs- und Verteidigungsausgaben, der sogenannten Staatsquote sowie der Gesamtschulden des Landes. Dividiert durch die Anzahl der erfassten Bewohner, ergibt es das Bruttosozialprodukt pro Kopf. Erfasst dieses Produkt aber tatsächlich, wie sein Name aussagt, die Gesamtleistung einer sozialen Gemeinschaft? Wo bleibt zum Beispiel die ehrenamtliche Arbeit und die schwarz geleistete Nachbarschaftshilfe? Wo bleiben die geschätzten 100 Milliarden Euro, die pro Jahr an Steuern hinterzogen werden? Wo sind die Menschen erfasst, die offiziell keinerlei Einkommen haben, nicht versichert sind und dennoch leben und konsumieren? Welchen Wert haben die Religionen mit ihren kostenlos zugänglichen Kirchen und der Seelsorge? Wie viel ist es wert, wenn sich die Menschen als glücklich bezeichnen?

Auch die gegenwärtige Glücksforschung bedient sich in ihren empirischen Grundlagen der BIP/BSP-Sichtweise. So wird die im Eurobarometer gezeigte Entkoppelung von Pro-Kopf-Einkommen und Lebenszufriedenheit, etwa in Deutschland im Jahre 1985 von Bruno S. Frey als paradoxer empirischer Befund zitiert.

Allerdings ist in diesem Fall nur das statistische Einkommen für die OECD gestiegen, nicht das real verfügbare Einkommen. So stiegen alleine die Sozialabgaben zwischen 1979 und 2000 von 28 Prozent auf 40 Prozent, die Mehrwertsteuer stieg von 12 Prozent auf 19 Prozent. Die real verfügbaren Nettoeinkommen stagnieren in Deutschland in Kaufkraftparität seit 1985, also seit bald 25 Jahren. Die staatlichen Statistiken verschweigen dies.

Selbst der Human Development Index, der durch den Capability Approach des Harvard-Ökonomen und Wirtschaftsnobelpreisträgers Amartyra Sen und der Philosophin Martha Nussbaum inspiriert ist, sieht nach wie vor das GDP per capita als wesentliche Messgröße. Immerhin errechnet er die Differenz im Ranking zu einer reinen GDP-Perspektive und den Faktoren im Human Development Index. Am Ende aber steht die bereits aus anderen Indizes bekannte, bewährte Aufteilung in *high*, *middle* und *low*, wobei die Kandidaten für alle drei Klassen weitgehend mit denen in anderen Indizes übereinstimmen. Der Human Development Index wurde deshalb jüngst kritisiert, dass er nicht »beyond the GDP« blicken könne. Die Übereinstimmung mit anderen Rankings sei einfach zu evident.

Immerhin eröffnet der Life Satisfaction Approach (LSA) von Bruno S. Frey eine Möglichkeit zur Bewertung öffentlicher Güter: Wenn nämlich das subjektive Wohlbefinden nicht steigt oder sogar sinkt, können theoretisch Grenzwertnutzen ermittelt werden. Das Problem dabei bleibt aber eher die Verschiebung des Glücksbegriffs im Zeitalter der Therapien, d.h., immer weniger therapiert-aufgeklärte Bürger glauben, sich für zufrieden oder gar glücklich erklären zu müssen bzw. lernen in Erwachsenenbildung, Lebensratgebern und Therapiegruppen, einen solchen Leistungsbeweis in Partnerschaft, Politik und Wirtschaft abzulehnen.

Trotz dieser Fragezeichen ist die subjektive Lebenszufriedenheit einer der Indikatoren, an denen die Berechnung eines Nationalen Gemeingüter-Produktes, eines National Commons Product, nicht vorbeigehen kann, an deren Korrelation aber auch die Problematik der bisherigen BIP/BSP-Sichtweise deutlich wird. Bevor wir hier den Index und seine Gewichtungen vorstellen, betrachten wir zuvor jene Klassen und Kategorien öffentlicher bzw. Gemeingüter, die in einen korrelativen Gesamtzusammenhang gebracht werden sollen.

1. **Ehrenamtliche Arbeit und Schwarzarbeit**
   In Staaten, in denen ehrenamtliche Arbeit in Kirchen, Initiativen und Vereinen gut organisiert ist, können die ehrenamtlich eingesetzten Arbeitsstunden und Leistungen erhoben und mit entgeltlichen Arbeiten verglichen werden. Selbst eine Unterscheidung zwischen quali-

tativ hochwertiger Arbeit, etwa einer Meister- oder Therapiestunde, und einfacher Hilfsarbeit ist möglich. Wir erhalten so eine Gesamtsumme für jeden Staat, jede Region, jede Gemeinde. Wenn allerdings ehrenamtliche Arbeit nicht besonders organisiert ist, also etwa nicht von Trägerorganisationen, sondern einfach erbracht wird, wird man auf ethnologische und religiöse Faktoren der Selbstorganisation, auf die Erfragung lokaler Subsidiarität verweisen müssen. Wenn – wie beispielsweise in den USA, in Afrika und Lateinamerika – Selbsthilfe nicht vorhandene staatliche Leistung ersetzen muss, können dort die Vergleichskosten einer Erbringung durch den Staat herangezogen werden. Durch eine Berechnung der Opportunitätskosten, wie sie jüngst von der New Economic Foundation in London durchgeführt wurde, kann zudem festgestellt werden, wie teuer es kommt, wenn ehrenamtliche Tätigkeit ausfällt bzw. nicht erbracht wird. In der Schweizer Statistik gibt es bereits ein Modul zur Erfassung von unbezahlter Arbeit, wozu nicht nur organisierte ehrenamtliche Tätigkeit zählt, sondern überwiegend auch Hausarbeit, Alten- und Kinderbetreuung. Obwohl dabei nur nach leitend-organisatorischer und ausführender Tätigkeit unterschieden wurde, ergab eine in Basel durchgeführte Untersuchung unter 760 Anbietern von ehrenamtlichen Leistungen, dass diese 80 % ihrer Leistung rein ideell erbringen. Das bedeutet: Diese Tätigkeit kann nicht – wie die leitende oder ausführende – durch bezahlte Kräfte ersetzt werden. Damit aber entzieht sie sich auch der entsprechenden Geldbewertung mit bestimmten Stundensätzen. Kann eine Tätigkeit wie Singen, Beten und Sprechen den Wert einer Volkswirtschaft beeinflussen? Unbedingt, denn ohne sozialen Zusammenhalt wären heute blühende Städte wie Basel, Wien oder Hamburg nie über Jahrhunderte hinweg so erfolgreich geblieben. Die Gewichtung dieser Leistung fällt sehr hoch aus, da sie auch ein Indikator für die Potenziale von ziviler Selbsthilfe ist, die bei der Entwicklung von Gemeinschaftsgütern ohne finanzielle und staatliche Infrastruktur die einzige Hoffnungsperspektive für Investitionen wie z. B. Entwicklungshilfe – Hilfe zur Selbsthilfe – darstellen. Was aber ist mit der bisher als Schwarzarbeit klassifizierten unentgeltlichen Arbeit, die als Nachbarschaftshilfe oder in Familien erbracht wird, die Bestandteil von regionalen Kulturen ist und dort gemeinschaftsbildend wirkt? Wir werden auch diese Form als ehrenamtliche Arbeit betrachten und messen müssen, denn wenn – wie z. B. in Kalabrien, Neapel und Sizilien – die nicht offizielle Arbeit 50 Prozent der Gesamtarbeit ausmacht, wird man nicht umhinkommen, sich mit dem kulturellen Stellenwert der Arbeit im dortigen Sozialleben vertraut zu machen.

2. Die ökonomischen Potenziale natürlicher Ressourcen

Erst am 13. Juli 2009 hat sich ein von der Münchner Rückversicherung moderiertes Konsortium zur Umsetzung des Desertec-Konzeptes zur Stromerzeugung in der Sahara gebildet. Falls dieses Projekt Wirklichkeit werden sollte, wird es die Bewertung des Gemeingutes Sonnenstrahlung derart verändern, dass nicht zuletzt auch alle rein monetär vorgehenden Indizes umgewertet werden. Während die bisher ausgebeuteten Rohstoffe, die an eigenen Börsen gehandelt werden, seit Jahrhunderten ausgiebig ökonomisch bewertet werden, steht man bei der Bewertung von Sonne, Wind, Land und Wasser vor ökonometrischem Neuland. Für den Gemeingüter-Index wird deshalb das Potenzial der Stromerzeugung aus regenerativen Quellen in Gigawatt (GW) zu Marktpreisen bewertet, obwohl selbst eine nur kleine Nutzung dieser Ressourcen zu einem drastischen Preisverfall für elektrische Energie führen würde. Der Extremfall wurde von Desertec bereits berechnet: So würde eine 300 mal 300 Kilometer große Fläche in der Sahara ausreichen, um den Weltstrombedarf zu decken. Die Desertec-Initiative hat bereits wenige Monate später die nordischen Länder auf den Plan gerufen: Mit einer eigenen Nordsee-Initiative, deren Zentrum ein in der Nordsee liegendes, extrem verlustarmes Gleichstromkabel ist, soll die reich verfügbare Offshore-Windenergie in norwegischen Stauseen gespeichert werden – ein Perpetuum Mobile mit weitaus geringeren Kosten und Risiken als im Sahara-Projekt. Es ist zu erwarten, dass weitere Projekte dieser Art entstehen und dabei bisher weitgehend wertlose Wüsten- und Küstenregionen in mit den Erdölländern vergleichbare Wohlstandsregionen verwandeln. Die dabei genützten Gemeingüter Luft und Sonne gewinnen dann extrem an Wert. In Staaten wie etwa Österreich, der Schweiz und einigen skandinavischen Ländern fallen jährlich derartige Mengen an überschüssigem Trinkwasser an, dass deren Absatz zu Marktpreisen deren Bruttosozialprodukt weit übersteigt, wie das Beispiel Österreich zeigt: 84 Milliarden Kubikmeter Trinkwasser pro Jahr würden bei einem Marktpreis von 2,80 Euro je Kubikmeter einen Umsatz von 235,2 Milliarden Euro bringen, zwei Drittel des kaufkraftbereinigten BIP Österreichs im Jahre 2008 (328,5 Milliarden). Betrachtet man die Mongolei, in der nur 0,9 Prozent der Fläche als Privateigentum gelten, in der 3000 Seen und 3800 Flüsse Wasser liefern, in der Weideland frei zugänglich ist (75 Prozent des Landes, also 1,17 Millionen Quadratkilometer), so würde bereits der Ansatz eines jährlichen Pachtpreises von bescheidenen 320 Euro je Quadratkilometer mit 357 Millionen Euro die Hälfte des Bruttoinlandsproduktes erwirtschaften. Vom Wasser ist wahrscheinlich noch einmal so viel zu erwarten. Die so ermittelten Größen ermöglichen es, dem herkömmlichen BIP ein Gemeinschaftsgüterprodukt gegenüberzustellen und so ein Verhältnis von volatilen und politischen Währungs- und Finanzmärkten zu wenig volatilen, langfristigen Ressourcen von Staaten und Gemeinschaften zu definieren.

3. **Der Zugang zu öffentlichen Gütern im eigenen Land**
Wie viel Prozent einer Bevölkerung haben Zugang zu den sozialen Gemeingütern, den *Social Commons* ihres Landes? In vielen Staaten sind inzwischen Bildung, Natur, Kultur und Gesundheit frei zugängliche Güter für jedermann. Sie werden von der Gemeinschaft durch den Staat bereitgestellt – oder auch nicht. Auf der spannenden Suche nach Paradoxa kann auch ein Beispiel aus Deutschland genannt werden: Obwohl wenige Länder der Welt (Deutschland zählt dazu) höhere Schulen und Hochschulstudium kostenlos bereitstellen, haben empirische Befunde ergeben, dass dennoch nur ein kleiner Teil von Angehörigen unterer Klassen dieses Angebot wahrnimmt. Man könnte diese Feststellung vermutlich auch auf das öffentlich-rechtliche Fernsehen, auf Kunst und Kultur ausdehnen. Dennoch wird man nicht umhinkommen, in einem Gemeingüterindex die Bereitstellung des Angebotes zu bewerten, nicht die Nutzung. »Access to« ist in einem internationalen Maßstab durchaus eine aussagekräftige Größe. Ist der Zugang zu öffentlich-staatlich bereitgestellten Gütern

und Leistungen noch gut messbar, so wird es bei einem sehr wesentlichen Gut, dem Zugang zur Landschaft, erheblich schwieriger: Nur in den Ländern und Regionen, in denen öffentliche Straßen, Wander- und Radwege es ermöglichen, in alle Richtungen zu reisen, besteht ein vollständiger Zugang zum eigenen Land, der in Quadratmetern pro Kopf berechnet werden kann. Da dieser Zugang immer auch ein Politikum ist, gewinnt er in einem Gemeingüterindex an Bedeutung – abgesehen davon, dass möglicherweise ein enger Bezug z.B. zur Lebenszufriedenheit besteht. Noch ein Paradox – und ein Grund, den Gini-Index nicht miteinzubeziehen: Schweden und die Schweiz weisen laut Gini-Index[10] die größte Vermögensungleichheit unter den gemessenen Staaten auf. Es gibt aber kaum Staaten, die einen derart vollständigen staatlich garantierten Zugang zu allen öffentlichen Gütern ermöglichen. Oder, anders formuliert: Extreme soziale und wirtschaftliche Ungleichheit sind in keiner Weise ein Indikator dafür, dass eine Bevölkerung nicht im größtmöglichen Maß von kostenlos zur Verfügung gestellten – also auch für Nichtzahlende erreichbaren – Gemeingütern profitiert. Ein weiteres sehr erwähnenswertes öffentliches Gemeingut ist die Gewährleistung von Frieden und Sicherheit. Frieden und Sicherheit sind selbstverständlich Faktoren der individuellen Lebenszufriedenheit. Andererseits liegt Kolumbien, das nach unseren Maßstäben eines der unsichersten und gewalttätigsten Länder der gesamten Welt ist, in der World Database of Happiness sehr weit vorne. Seit zwei Jahren wird von Australien aus von der Vision of Humanity Initiative der Global Peace Index ermittelt, der innere und äußere Gewalt, etwa durch die Verwicklung in kriegerische Auseinandersetzungen, aber auch durch Waffenhandel misst. Der Index stößt offiziell auf große Verärgerung, weil die USA dort nur Platz 83 einnehmen und seine Militärkolonie Israel sich gar am Ende zwischen Somalia und dem Sudan wiederfindet. Das spricht für eine ungewohnte Objektivität dieses Index, so dass seine Ergebnisse mit einer gewissen Gewichtung in den Gemeingüterindex übernommen werden können. Wenn zudem Frieden und Sicherheit nicht nur als individuell empfundenes Gut interpretiert werden (Beispiel: Die Be-

10 Ein nach dem italienischen Statistiker C. Gini benanntes Maß zur Darstellung von Ungleichverteilungen.

wohner des Schweizer Kantons Aargau gelten als besonders ängstlich, obschon sie statistisch mehr Sicherheit haben als benachbarte Schweizer Kantone), sondern durch Zahlen über Kriminalität und gewalttätige Konflikte objektiviert werden, so erlangen sie den Status eines Gemeingutes. Offensichtlich ist eine Gemeinschaft in der Lage, mehr oder eben weniger Gewalt zu produzieren. Nur wenigen Fachleuten ist bekannt, dass die USA neben ihren Kriegen, die die Hälfte des Weltrüstungsbudgets benötigen, mit 2 Millionen Gefangenen auch mehr Inhaftierte beherbergen als China und Europa zusammen.

4. Religion, Shopping und Kultur als Gemeinschaftsgüter

Die Einbeziehung von Religion in ökonometrische Forschung ist nicht nur der religionssoziologischen Erforschung einer protestantischen Ethik (Max Weber) zu verdanken, sondern geht aus der enormen Bedeutung hervor, die der Religion subjektiv wie kollektiv zugemessen wird, etwa in der Identifikation eines vermeintlichen »internationalen Terrorismus«, der ausschließlich einer Religion zugeordnet wird. Die Auswirkungen von Religion auf Volkswirtschaften können gegenwärtig gar nicht hoch genug eingeschätzt werden, wenn sich große Staaten und deren Führer als religiös inspiriert definieren, wenn Wirtschaftsformen – wie etwa das Zinsverbot im Islam – mit den Regeln der internationalen Kapitalmärkte und der sie beherrschenden Kulturen kollidieren, wenn Handelsbarrieren errichtet werden und ganze Staaten (Afghanistan) mit der Begründung besetzt werden, der Schulbesuch der Mädchen sei dort aus religiösen Gründen nicht garantiert. Mit Sicherheit ist der Religion innerhalb von Gemeinschaften eine integrative Rolle zuzumessen, weshalb die Praktizierung von Religion durchaus ein messbares soziales Gemeingut darstellt. Es ist sogar davon auszugehen, dass trotz aller subjektiv-individuellen Sinninterpretationen von Religion diese weitgehend als soziale Handlung betrachtet werden kann, da sie in der (und für die) Gemeinschaft der Gläubigen ausgeübt und erbracht wird. Im Gemeingüterindex wird sie dann mit Teilnahmequoten an religiösen Handlungen, mit Kirchgang und Kirchbesuch, mit religiöser Lektüre objektiviert, ohne zu fragen, welche tatsächliche spirituelle oder seelische Bedeutung die Religion für jeden Einzelnen besitzt. Gerade in Staaten, in denen die Religion die einzige nicht staatliche soziale Organisationsform darstellt – was in den postmodernen Industrie- und Dienstleistungsstaaten nicht der Fall ist – ist ihre Bedeutung als soziales Gemeingut zu würdigen. Wo nun traditionelle Religion keine zentrale Bedeutung mehr für eine Gemeinschaft hat, weil – so der Kommunikationsforscher Norbert Bolz in seinem 2009 erschienenen Buch *Profit für alle* – »Shopping die Organisationsform der Stadt« geworden ist und die ethische Grundhaltung sich daraufhin auf das ethisch korrekte Einkaufen verlagert, könnte auch Teilnahme am Shopping als Gemeingut ein Indikator sein. Bolz schreibt dazu:

> *Dem geilen Geiz und dem Kult des Saubilligen zum Trotz entscheiden in der westlichen Welt des Wohlstandes nicht die Preise, sondern die Werte. Ein erfolgreiches Produkt ist nicht nur technisch-sachlich von hervorragender Qualität, sondern vermittelt auch einen spirituellen Mehrwert. Je reicher, desto ethischer!*[11]

Schwierig wird dann nur die Bewertung der sozialen Rolle von Religion in den asiatischen Staaten, wo sie oft kaum im Kollektiv und fernab jeder staatlichen oder halbstaatlichen Organisation praktiziert wird. Ebenso schwierig ist die Erfassung der kulturellen Bedeutung der europäischen Kirchen als Kunstwerke, Orte der Stille und als Stadtmittelpunkte für den Großteil der Bürger, die offiziell keiner Religion angehören. Hier können stadtsoziologische und immobilien-wirtschaftliche Vergleichsdaten herangezogen werden, wie sie etwa für die Frequenz und die Ladenmieten in den Fußgängerzonen erhoben werden. Zuletzt sei erwähnt, dass selbstverständlich auch die Teilnahme am Kulturleben in jeder Form als Alternative zu Religion und ethischem Shopping eine Form von Gemeingut sein kann.

5. Kinderreichtum und demografisches Potenzial

Selten wird die Absurdität der bisherigen Bruttoinlandsprodukt-Sichtweise deutlicher als am Beispiel der Geburtenrate: Das Bruttoinlandsprodukt BIP pro Kopf ist umso höher, je weniger Bewohner

[11] Bolz, Norbert: Profit für alle, Hamburg 2009.

sich den vorhandenen Reichtum teilen, also je niedriger die Geburtenrate ist. Aus diesem Grund führt der Landkreis München-Land das Ranking der deutschen Landkreise an. Kinderreichtum ist deshalb statistisch weitgehend mit volkswirtschaftlicher Armut gleichzusetzen. Unter den 21 Staaten mit dem höchsten BIP pro Kopf finden sich nur fünf nicht europäische Staaten, unter ihnen Kuwait, Katar und die Emirate. Im Zuge der immer drängender werdenden Frage der Alterssicherung bzw. der Zunahme der Lebenserwartung wird die Geburtenrate als fast einzige ökonomische Wachstumsquelle für postindustrielle Staaten zu einer Überlebensfrage. Die Gesamtheit des demografischen Potenzials, selbst wenn dieses nur durch Einwanderung geschöpft werden kann, ist für jede Volkswirtschaft ein essenzielles öffentliches Gut. Deshalb wird die Geburtenrate mit Gewichtung in den Gemeingüterindex miteinbezogen.

6. Lebenszeit

Die sogenannte durchschnittliche Lebenserwartung ist seit der Erfindung der Statistik eine feste Größe in allen Indizes. Wie bereits mehrfach erwähnt, führt eine höhere Lebenserwartung nicht unbedingt zu einer höheren Lebenszufriedenheit. Sowohl die Schätzung der Vereinten Nationen als auch die Schätzung des CIA Factbook 2008 werfen Fragen auf, warum z.B. das beengte Hongkong, dessen 7 Millionen Bewohner sich auf 1100 Quadratkilometern in vierzigstöckigen Hochhausschluchten drängen, in dem es kaum Urlaub und wenig staatliche Altersversorgung gibt, in der Lebenserwartung gleich vor allen europäischen Wohlstandsstaaten steht und nur noch von Macao übertroffen wird. Faktoren wie Kriege (Irak, Libanon, Afghanistan) und HIV-Virus (südafrikanische Staaten) verzerren den eigentlich zu definierenden Fall, nämlich das Erreichen einer natürlichen Grenze des Lebensalters. Dennoch ist die Lebenszeit, die ein Staat seinen Bürgern bieten kann, als eigener Faktor durchaus in einem Gemeingüterindex zu berücksichtigen – auch dann, wenn dieser Faktor indirekt ebenso bei Frieden und Sicherheit wie beim Zugang zur Gesundheitsversorgung und natürlich bei der persönlichen Lebenszufriedenheit zu berücksichtigen ist. Letztlich ist die Lebenszeit auch ein Indikator dafür, wie langfristig erfolgreich verschiedene Gemeingüter gemeinsam dieses Ergebnis zeitigen, wie nachhaltig also eine Gesellschaft ihr So-Sein aufrechterhält. Auch die Frage der Religion ist berührt, denn wenn mit Japan, Singapur, Macao und Hongkong gleich vier Staaten mit buddhistisch bzw. konfuzianisch geprägten Gesellschaftsbildern in den Top Ten der Life Expectancy stehen, so könnte es eine interessante Fragestellung sein, ob es da eine Korrelation gibt. Die Traumrepublik Bhutan ist gar das einzige Land der Erde, in dem Männer älter als Frauen werden; in Pakistan und Bangladesh werden sie gleich alt.

7. **Glück und Lebenszufriedenheit**
Obschon, wie bereits mehrfach bemerkt, die empirische Erhebung von Glück und Lebenszufriedenheit auf subjektive Äußerungen der Befragten und kulturell variable Interpretationen der Frage angewiesen ist, wird die World Database of Happiness direkt mit in den Gemeingüterindex aufgenommen. Sie muss allerdings für die Staaten, in denen sie noch nicht vorliegt, durch qualitative Daten ergänzt werden. Allein die Aufnahme aber zeigt, wie dringend notwendig es ist, diese Faktoren in volkswirtschaftliche Betrachtungen mit einzubeziehen, obwohl man noch nicht weiß, ob es sich um Ursachen handelt, also bestimmte Staaten aufgrund von bestimmten individuellen Lebenseinstellungen so oder so wirtschaften, oder aber ob die Lebenseinstellungen umgekehrt von den wirtschaftlichen Realitäten bestimmt sind. Für das Letztere könnte die durchweg sehr schlechte Positionierung der osteuropäischen Staaten im Glücksindex sprechen. Die »Glücksrevolution in der Ökonomie«, wie der Zürcher Glücks-Papst Bruno Frey sie nennt, setzt sich fort.

8. **Private Geschenke**
In dem Moment, da aus freiwilligem Grund ein existierendes privates Eigentumsrecht aufgegeben wird, etwa ein großes Grundstück, wird ein privates Geschenk in ein Gemeingut verwandelt. Was auf höherem Niveau als Philanthropie mit edlem Stiftertum verbunden wird, findet im Kleinen minütlich statt, wenn wir eine Zigarette, ein Bier oder ein Lächeln geschenkt bekommen. Oder eine Blume. Umfang und Art des Schenkens sagen viel über das Wesen einer Gemeinschaft

aus. Bewohner aus schenkarmen Regionen schämen sich oft, wenn sie in Gegenden kommen, wo Schenken nicht nur ein seltener Ausnahmefall zu Geburts- und Ehrentagen ist, sondern wo man sein Gesicht verliert, wenn man seinen Besitz nicht mit dem fremden Besucher teilt. Die Einbeziehung des organisierten (Stiftungen, Spenden) wie nicht organisierten Schenkens in die Bewertung im Rahmen eines Gemeinschaftsindex stößt sicher auf große Erfassungs- und Bewertungsprobleme. Deshalb ist man hier, wie in vielen Bereichen, auf qualitative Forschung, auf Kultur und Überlieferung angewiesen.

Zwischenbilanz: Drei Kategorien von Gemeingütern, eine Gemeinsamkeit

Die hier beschriebenen Gemeingüter haben eine phänomenologische Gemeinsamkeit, die sie erfüllen müssen, um in den Index aufgenommen zu werden: Sie müssen vollkommen kostenlos zugänglich sein. Das bedeutet z. B. bei Gesundheit und Bildung, dass trotz eines Steuer-, Krankenkassen- und Dienstleistungssystems diese Leistungen immer auch dann erbracht werden, wenn ein Mensch sie nicht bezahlen kann. Dies kann eine ständig geduldete Ausnahme oder eine ungeschriebene Regel sein. Sie muss nur in der Mehrzahl der Fälle gelten.
Sobald die Erlangung eines Gemeingutes aber von einer Geldzahlung abhängt, ist diese bereits in den bisherigen Betrachtungen zum Bruttosozialprodukt enthalten.
Diese Betrachtung unterscheidet sich sehr von den bisherigen Ansätzen zur Gemeingüterforschung, die sich ausschließlich der globalen Ressourcennutzung widmeten oder aber mit der Vision von Creative Commons und Scientific Commons zu Widerstand gegen die Vergütung urheberrechtlicher Ansprüche nicht nur auf Gentechnik, sondern auch auf Software, Kunst oder Texte aufrufen. Beide Sichtweisen werden in dem Sammelband *Wem gehört die Welt?*, herausgegeben von Silke Helfrich und der Heinrich-Böll-Stiftung[12] ausführlich dargelegt.

Wir unterscheiden nun drei Kategorien von Gemeingütern:

---

[12] Helfrich, Silke; Heinrich-Böll-Stiftung: Wem gehört die Welt?, 2. Aufl., München 2009.

Gemeingut/ Common	höhere Gewichtung	mittlere Gewichtung	geringere Gewichtung
Natürliche Gemeingüter	erneuerbare Rohstoffe und Energiequellen	nicht erneuerbare Rohstoffe und Energiequellen Artenvielfalt	Wasser (Zugang), Land (Zugang), Meer (Zugang)
Soziale Gemeingüter	Sicherheit und Frieden Gesundheit Bildung	Information Recht/Justiz öffentlicher Verkehr	Zugang zum Land, öffentliche Wege
Private Gemeingüter	Ehrenamtliche Arbeit Schwarzarbeit Geschenke	Lebenszufriedenheit Glück Religion Kultur	Kinderreichtum Lebenserwartung

Tabelle 2: Verschiedene Arten von Gemeingütern und ihre Gewichtung

Zweifellos werden künftig sowohl diese Gewichtungen als auch die Unterteilung der Gemeingüter selbst kritisch zu überprüfen sein. Mag vielleicht die hohe Gewichtung von erneuerbaren Energien noch auf breiten Konsens stoßen, so unterliegt die Gewichtung gerade der privat-subjektiv erbrachten Gemeingüter genau dieser Subjektivität, d. h. es wird eben private oder soziale Gründe geben, die Einbeziehung eines dieser Güter zu fordern oder aber abzulehnen.

Und so könnte ein neu berechnetes Gemeinschaftsprodukt aussehen:

Gewichtung in Prozent	Unterklassen des Gemeingutes	Berechnungsformel/ Datenbasis
25 Prozent natürliche Gemeingüter	40 Prozent erneuerbare Energien	Potenzial in GW/Jahr
	20 Prozent Wasser	Potenzial in m^3/Jahr
	20 Prozent Land, Meer	qm^2 nutzbares Land/Einwohner
	20 Prozent Potenzial nicht erneuerbarer Ressourcen (Kohle etc.)	Bewertung zu Weltmarktpreisen
32 Prozent soziale Gemeingüter (Güter, die von der Gemeinschaft, in der Regel vom Staat, prinzipiell kostenlos zur Verfügung gestellt werden)	20 Prozent Sicherheit und Frieden	Positionierung des Landes im Global Peace Index
	20 Prozent Gesundheit	Prozentzahl der Bevölkerung mit kostenlosem Zugang
	20 Prozent Bildung	Prozentzahl der Bevölkerung mit kostenlosem Zugang
	15 Prozent Zugang zum Land	qm^2 je Einwohner in Prozent der Gesamtfläche
	10 Prozent Information	Kostenloser Zugang in Prozent der Bevölkerung
	10 Prozent Recht/Justiz	Kostenloser Zugang in Prozent der Bevölkerung
	5 Prozent öffentlicher Verkehr	Kostenloser Zugang in Prozent der Bevölkerung

Tabelle 3: Die Zusammensetzung des nationalen Gemeinschaftsproduktes

Gewichtung in Prozent	Unterklassen des Gemeingutes	Berechnungsformel/ Datenbasis
15 Prozent ehrenamtliche Arbeit und Schwarzarbeit	50 Prozent geleistete unentgeltliche Arbeitsstunden für Gemeinschaftsanliegen	n Stunden/Jahr, qualitative Bewertung der ideellen Tätigkeit
	50 Prozent geleistete, unentgeltliche Arbeitsstunden als Familien-/Nachbarschaftshilfe	Bewertung nach Marktpreisen für vergleichbare Arbeit/Stunde
7 Prozent Religion, Kultur, Shopping		Prozentzahl der Bevölkerung mit kostenlosem bzw. unbeschränktem Zugang
7 Prozent Glück/Lebenszufriedenheit		Qualitative Erhebungen, World Database of Happiness
7 Prozent Kinderreichtum		Geburtenrate und Anteil von Menschen unter 18 Jahren an der Bevölkerung
7 Prozent Lebenszeit		Durchschnittliche Lebenserwartung

Fortsetzung Tabelle 3

So umstritten und diskussionswürdig diese Auswahl sein mag: Der Gemeingüterindex wird besonders transparent durch seine Miteinbeziehung in vergleichende Indexbetrachtungen, in Index-Benchmarks. Es ist sehr auffallend, dass die oft mit großem Personal- und Finanzaufwand etablierten internationalen Indizes nicht gemeinsam publiziert und betrachtet werden, sondern jeweils einen Kosmos für sich darstellen. Das macht es sehr schwer und zeitaufwendig, die Ergebnisse zu vergleichen. Folgende weltweiten Indizes werden in einen Vergleich mit dem Gemeingüterindex bzw. mit den nationalen Gemeinschaftsprodukten miteinbezogen:

Index	Anbieter	Bedeutung/Kosten
World Development Indicators Database/Country Classification	Weltbank	+++++
Human Development Index	United Nations Development Program	+++
Environmental Sustainability Index	Yale University	+++
World Database of Happiness	Erasmus-Universität, Rotterdam	++
Global Peace Index	Fund of Peace, Australia	+
Global Competitiveness Report	World Economic Forum	++
Wealth of Nations Report	Weltbank	+++++
Shadow Economy Index	Universität Linz, Österreich	+
Annual Report of Development Effectiveness	Weltbank	+++
World Values Survey	Universität Stockholm, Schweden	++
Bertelsmann Transformation Atlas	Bertelsmann Stiftung, Deutschland	++
Country Strategy Papers	Europäische Kommission	++++
Happy Planet Index	New Economics Foundation, London	+
Living Planet Report	World Wildlife Fund	+++

Tabelle 4: Verschiedene Indizes und ihre Bedeutung

Nicht aufgeführt werden alle OECD-Indizes, da diese zu wenig Länder berücksichtigen. Das OECD-Projekt *Measuring the Progress of Societies* ist in Vorbereitung.

III.5 Fazit: Klüger rechnen ist keine Moralfrage

Wir haben im ersten Teil des Buches Beispiele für die Kehrseite des wirtschaftlichen Eigeninteresses gesehen, wie wir sie auch aus unserer eigenen Erfahrung und aus kritischen Medien kennen. Im zweiten Teil haben wir Einblicke in die US-dominierte Definition, Organisation und Manipulation der Weltwirtschaft bekommen. Zumindest einige der Beispiele waren wirklich neu. Weniger neu dagegen könnte die Schlussfolgerung aus diesen Recherchen sein: Beide Teile dieses Buches könnten uns nämlich in der verbreiteten Ansicht bestärken, dem zutiefst Unmoralischen der Wirtschaft könne nur mit Moral begegnet werden. Ob als moralische Selbstverpflichtung in Form von Corporate Governance, ob als Ruf nach strengeren Gesetzen und Finanzaufsicht – die mythische Vorstellung, das Gute stelle sich über möglichst von vielen unterzeichnete Verpflichtungen und Vorsätze her, bestimmt noch immer unsere Reaktion auf die Abgründe, die die vermeintliche Weltwirtschaftskrise uns gezeigt hat. Regierungen und Unternehmen überbieten sich in Beweisen für ihre Corporate Responsibility, ernennen ständig neue Beiräte, gründen Kommissionen für Nachhaltigkeit und unterschreiben Selbstverpflichtungen gegen Korruption, Umweltzerstörung und Diskriminierung.

In dem Wunsch nach moralisch korrektem Verhalten gehen wir von einer philosophischen Annahme aus, deren Voraussetzung keineswegs selbstverständlich ist. Wir können uns nämlich nur dann für das Gute, Wahre und Richtige (so wir es denn erkennen) entscheiden, wenn wir eine Freiheit zur Entscheidung auch denken können. Diese Entscheidungsfreiheit aber setzt etwas noch weit Größeres voraus: die Existenz eines freien Willens.

Wie der Anthropologe Andreas Schmidt-Salomon in seinem provokativen Buch *Jenseits von Gut und Böse* (2009) zeigt, ist ein solcher aber zumindest aus naturwissenschaftlicher, in seinem Fall aus neurobiologischer Sicht nicht nachweisbar. Das ist eine schlechte Nachricht für alle, die erwünschte Verhaltensänderungen als moralische Entscheidungsfragen definieren. In den Wirtschaftswissenschaften etwa wird mit dem legendären Prisoner's Dilemma und anderen Gedankenexperimenten von einem absoluten Primat der Entscheidung ausgegangen. Das in diesem Buch erwähnte, seit Adam Smith religiös verehrte Eigeninteresse, dem wir angeblich allen Wohlstand verdanken, ist eine quasi ständig laufende Entscheidungsmaschine. »Ist dieses Produkt zu teuer? Dann nehme ich ein anderes!« Eine ganze Forschungsrichtung der Wirtschaftswissenschaft nennt sich Public Choice. Diese früher als Politische Ökonomie bezeichnete Lehre geht davon aus, dass auch Wähler Kosten-Nutzen-Denken praktizieren und ihre Stimmen dem geben, der ihnen am meisten nützt. Das gesamte System der angeblichen Demokratie in den Vereinigten Staaten von Amerika beruht auf dieser Annahme. Was aber, wenn es diese Entscheidungssituation nicht gibt, weil sich Handeln anders konstituiert, also nicht als Tat aufgrund einer Unterscheidung zwischen mindestens zwei Alternativen? Was, wenn sich der Mensch nicht wie ein Computer ständig nur zwischen 0 und 1 entscheidet? Dann stimmen weder die vermeintlichen Anreizsysteme noch die Erklärung der daraus folgenden Handlung. Jedes Handeln, nicht nur das in der Wirtschaft, gerät dann in einen Schleier des Magischen und der Irrationalität.

Kann man die Berechnung und Bewertung einer Volkswirtschaft ganz zu einer moralischen Frage machen? In strengeren Staaten mit fest gefügteren Sitten und eingeübteren Kulturpraktiken wie etwa in Saudi-Arabien, China oder Bhutan geht das gut. Aber in Europa?

Die Reaktion auf die Enttäuschung, die die Wirtschaft durch Betrug und Arbeitslosigkeit, durch Verluste und Schäden vielen bereitet, ist die Sehnsucht nach einer Gesellschaft, in der man nicht täglich den Abstieg fürchten muss. In den meisten Fällen nennt man diese Form der Gesellschaft Familie. Eine funktionierende Familie zeichnet sich nämlich dadurch aus, dass in ihr alle Mitglieder geduldet und unterhalten werden. Der Ausstoß aus der Familie ist daher eine grässliche Drohung, die fast mit der Todesstrafe vergleich bar ist. Die soziale Marktwirtschaft hat lange, zumindest bis zum Ende der Ära von Helmut Kohl im Jahre 1998 versucht, eine familienähnliche Gesellschaft aufrechtzuerhalten. Sie zerbrach erst, als viermal verheiratete Egomanen wie Gerhard Schröder und Joschka Fischer sich von Unternehmensberaterfürsten einreden ließen, die gemütliche Familie – Ludwig Erhard nannte sie die formierte Gesellschaft – sei in der

Globalisierung nicht überlebensfähig. Schröder verstand diese Drohung, denn er hielt seine Ehe mit Hiltrud Schröder auch nicht für zukunftsfähig. Ohne tatsächliche wirtschaftliche Sachzwänge wurden auf einmal Millionen Menschen auf das Abstellgleis gestellt, wo sie bis heute vergeblich auf bessere Zeiten warten.

Heute sehen nicht nur die Betroffenen, sondern auch viele Reiche und Erfolgreiche die seit 1998 herrschende Betrugs- und Ellenbogengesellschaft nicht mehr als ihre Heimat an. Viele verlassen das Land und verstecken ihre Vermögen vor einer aus ihrer Sicht gierigen und herzlosen Funktionärsschicht.

Und trotzdem, mag der Leser jetzt einwenden, möchten Sie uns hier etwa Argumente gegen die Moral verkünden? Ja. Weil ich glaube, dass Schmidt-Salomon möglicherweise mit seiner Vermutung richtig liegt, es gäbe keinen freien Willen. Wenn ich trotzdem eine Gemeingüterwirtschaft möchte, die man gerne auch als gerechter oder menschlicher empfinden darf, dann aus dem Ehrgeiz heraus, besser rechnen zu können. Wenn ich nämlich in der Lage bin, falsche Bilanzen und betrügerische Verträge zu identifizieren und deren Schäden zu berechnen, warum sollte ich dann nicht auch richtigere Bilanzen und ehrlichere Generationenverträge entwerfen können?

An die Stelle von müder Kapitalismuskritik könnte dann ein neuer Gemeingüterkapitalismus treten, in dem sich die kreativen Potenziale des Privateigentums mit den sozialen und natürlichen Gemeingütern verbinden. So kann dann auch Wirtschaft neu definiert werden. Sie ist dann nicht mehr wie bei Karl Marx und Adam Smith eine Verbindung von Rohstoffen, Arbeit und Kapital, sondern eine von natürlichen, sozialen und privaten Gemeingütern. Amen.

Buddies first: Warum der Fall Goldmann Sachs keine Ausnahme, sondern die Regel ist

Lange, sehr lange wurde nach der angeblichen Weltfinanzkrise jeder Betrug als individuell kriminelle Handlung in einem ansonsten gerechten und kontrollierten System verharmlost. Gegen viele deutsche Manager, etwa Heinrich von Pierer, Klaus Zumwinkel und Thomas Middelhoff wurde auch ohne Finanzkrise wegen Bestechung und Vorteilsnahme ermittelt. In den USA landete Bernard Madoff wegen Betrug lebenslang im Gefängnis. Viele weniger bekannte Manager traten zurück oder wurden still, in der Regel mit einer Abfindung entfernt. Am Grundprinzip der Finanzwirtschaft aber wurde nichts verändert: Noch immer wetten dort, überwiegend durch die Vermittlung von Banken, Bullen gegen Bären. Die einen sind sich sicher, dass die Werte korrigiert oder gar vernichtet werden. Durch Leerverkäufe profitieren sie von dieser pessimistischen Haltung. Andere wiederum hoffen auf Erholung und Wachstum.

Die Investmentbank Goldman Sachs hat beides getan: Sie hat sich an einem Hedge-Fonds beteiligt und diesen vertrieben, der auf den Preisverfall eben dieser Immobilien gesetzt hat, deren Hypothekendarlehen Goldman Sachs als CDO gebündelt, anbot. Die US-Börsenaufsicht Stock Exchange Control (SEC), die bereits deutsche Firmen wie Daimler und Siemens wegen vergleichsweise altbackener Bestechung an den Pranger stellte, schien über die Doppelrolle von Goldman Sachs nicht erfreut. Die zumindest in Europa unbekannte Goldman Sachs Foundation, die sich der Gewinnung von Jung-Investmentbankern widmet, kann ihre Firma in zwei Sätzen beschreiben: »*Es geht alles auf das Team zurück. Selbst wenn Du Entscheidungen triffst, die die übrige Welt betreffen, hast Du immer Leute hinter Dir.*« Dieses Motto gewinnt durch die Offenlegung des Charakters von Goldman Sachs als Spielbank, die einigen Teilnehmern die richtigen, anderen die falschen Zahlen verrät, eine neue Bedeutung. Weder das Produkt, noch der Kunde und noch weniger das Gemeinwohl sind im Kosmos von Goldman Sachs zentrale Themen oder gar Werte. Das Team, die *Buddies*, die Boys stehen im Mittelpunkt. Uns kommen dabei sofort die Boni in den Sinn. Sie werden vom Team für das Team vereinbart. Am Bonus erkennst Du, ob Dein Team gewonnen hat. Die tatsächlich so abgetane »übrige Welt« (entire world) ist auf dem Planeten Goldman Sachs eher eine Angelegenheit für Astronauten. Auch im Jahresreport 2009 von Goldman Sachs lautet das erste Wort »our people«.

»Unsere Arbeit als Berater, Finanziers, Marktmacher, Vermögensverwalter und Co-Investoren bei Goldman Sachs«, heißt es im ersten Satz, »leistet einen sinnvollen Beitrag zum Wachstum von Geschäften, lokalen Gemeinschaften und der Weltwirtschaft.«

Dürfen wir diese Sätze als Programm lesen? Oder sollen wir sie als Werbung abtun? Nicht wenige Kommentatoren haben nach dem Bekanntwerden des Goldman-Sachs-Betrugs wieder betont, künftig müssten solche Interessenkonflikte vermieden werden, etwa durch die Trennung von Kreditgeschäft, Investmentbanking, Beratungsgeschäft und dem Vertrieb von komplexen Finanzprodukten wie Hedge-Fonds, Private Equity und Aktienfonds. Wo aber liegt hier ein Interessenkonflikt, wenn doch das Team der Bank selbst der oberste Unternehmenszweck ist? Der einzige Interessenkonflikt, den dieses Team kennt, ist der mit der »übrigen Welt«, die von komplexer Finanzarithmetik ebenso wenig versteht, wie von der Dynamik die sich einstellt, wenn man für Millionengehälter täglich mit Milliarden jongliert. Die da draußen wissen es einfach nicht – so kann man alle Selbstdarstellungen von Goldman-Sachs lesen.

Ähnliches hören wir aber auch von Wirtschaftsprofessoren und von alternativen Weltrettungsspezialisten. Die internationale Finanzwirtschaft erscheint wie ein nagelneuer Airbus 380, in dem sich während des Fluges die Piloten darüber streiten, wer an das Steuerknüppel darf. Der Pilot sagt: Der A380 lenkt sich im Prinzip wie der A320. Im Prinzip – und da sind wir bei unserer Frage angelangt: Ist die verbotene Doppelwette des Goldman-Sachs-Casinos eine zu ahndende Ausnahme, ein Einzeldelikt? Oder ist sie Ausdruck eines strafrechtlich äußerst schwer zu handhabenden Tatbestandes, nämlich einer

Kollektivschuld? Durch die Hervorhebung des Kollektivs, der Mitarbeiter als wichtigsten Unternehmensinhalt, haben die Goldman Sachs Banker im Grunde alle für diesen Betrug in die Haftung genommen. Die SEC wird deshalb auch die Firma verurteilen, nicht einzelne Mitarbeiter.

Was aber, wenn der Betrug von Goldman Sachs keinen Sonderfall, sondern einen Regelfall im Finanzwesen darstellt? Bereits der Umstand, Grundstücke, Rohstoffe, Währungen und Unternehmen einem nicht nur jährlich, sondern täglich und sekündlich schwankenden Markt auszusetzen, gerät dabei ins Visier. Es liegt in der Natur der Sache, dass aufgrund von geringerer Nachfrage die Preise ins Bodenlose sinken, obwohl die dahinter liegenden Werte in keiner Weise durch Naturkatastrophen oder Kriege zerstört wurden. Es reicht, wenn irgendein »Team« in London oder New York den Daumen über ein Immobilienportfolio, ein Unternehmen oder einen Staat senkt. Dann wird im Sinne der Prinzipien von Goldman Sachs alles dafür getan, dass der erwartete Fall eintritt. Wir müssen für diese unangenehme Betrachtung gar nicht an die Wall Street fahren. In jeder Hauptstrasse sitzen in den Banken, den Sparkassen, den Volks- und Raiffeisenbanken die gleichen Teams, die sowohl als Kreditgeber, wie als Vermögensverwalter und Finanzmarktproduktemittenten, als Immobilienverkäufer wie als Börsenberater auftreten. Welcher Bankberater wird wohl im März 2008, sechs Monate vor der angeblichen Weltfinanzkrise seinen Kunden geraten haben, die Fonds der eigenen Bank abzustoßen? Oder gar deren Aktien? Auch dort steht Teamwork im Vordergrund. So wirbt Deutschlands, mit Abstand größte Bank, mit 3,6 Billionen Euro Bilanzsumme:

»Der Markterfolg der Sparkassen-Finanzgruppe ist das Ergebnis der Verbindung von Größe und dezentraler Aufgabenorientierung, die in bundesweit rund 22.000 Geschäftsstellen der Sparkassen, Landesbanken, Landesbausparkassen, öffentlichen Versicherer und weiterer Verbundpartner wahrgenommen wird.«

Übersetzt: Wir entwickeln, verkaufen und empfehlen alle denkbaren Produkte selbst. Überall dort, wo durch die Landesbanken auch Sparkassen mit den *Buddies* von Lehman und Goldman Sachs an einem Tisch saßen, endete der Deal mit gigantischen Verlusten für die Deutschen.

Auch von Goldman Sachs wurde die damals noch staatliche, deutsche IKB mit 150 Millionen Dollar über den Tisch gezogen; Verluste, für die nun die deutschen Steuerzahler, auch die Sparkassenkunden aufkommen müssen.

Wenn die Verabredung zur Übermittlung asymmetrischer Information an den Kunden zu den Tugenden des Bankgewerbes zählt, belohnt durch Boni und Beförderung, dann steht das Bankgewerbe nicht nur gesellschaftspolitisch, sondern auch finanzwirtschaftlich in Frage. Wenn sich nämlich die Bankkunden bei Kapitalmarktprodukten nicht darauf verlassen können, dass der Verkäufer eben gegen das soeben verkaufte Produkt wettet, dann ist jeder Rat wertlos. Der Käufer von Finanzprodukten – und seien es nur Sparbücher oder verzinste Giroguthaben – muss nun damit rechnen, dass entweder sein Geld als Solvenznachweis zur Kreation neuer Derivatprodukte benützt wird, oder dass bereits der Zinssatz der nächsten fünf Jahre eine asymmetrische Information darstellt, also die Bank bereits auf steigende oder sinkende Zinsen setzt, während der Sparer oder Kreditnehmer seinen Finanzplan auf gleichbleibenden Zinsen und Raten aufbaut.

Streng genommen stellt der Fall Goldman Sachs das Grundwesen des Geldgewerbes in Frage, nämlich die tägliche Zockerei mit schwankenden Bewertungen. Man kann nicht über die Doppelwette der *Buddies* aus New York empört sein, und gleichzeitig für täglich schwankende Währungs- und Rohstoffkurse, Zinsen, Aktien und Anleihen eintreten.

Markt, wenn er so praktiziert wird, ist Sünde. Das Einzige, was diese Sünde derzeit zumindest in Deutschland noch rechtfertigt, ist, dass Deutschland von den Verwerfungen bisher weniger betroffen ist als andere Staaten. Aber auch Goldman Sachs zählte ja bisher eher zu den Gewinnern der vermeintlichen Finanzkrise. Der Absturz – so müssen wir uns eingestehen – ist kein Beweis für die prophetische Klugheit der Mahner und Pessimisten. Er ist bei einem Welt-Zentralbankgeld von 4 Billionen Euro und umlaufenden Derivaten von über 200 Billionen Euro eine mathematische, keine finanzpolitische Korrektur.

Literaturverzeichnis

Anderson, Chris, Free: The Future of a Radical Price (2009).

Barnes, Peter, Capitalism 3.0 (2007).

Beyond GDP Initiative, Overview of Selected Indicators »Beyond GDP« (2008), http://www.beyond-gdp.eu/indicators.html

Bertelsmann Transformation Atlas, provided by the Bertelsmann Foundation (2008).

Bolz, Norbert, Profit für alle, Hamburg (2009).

CIA World Factbook, Central Intelligence Agency (2008).

Knies, Gerhard (u.a), Das Desertec Konzept, Hrsg.: Desertec Foundation (2009).

Dill, Alexander, Geschenkt – Im Wundergarten der Geschenkökonomie. In: ChangeX, Online-Magazin für Wandel in Wirtschaft und Gesellschaft (2008).

Dill, Alexander, Der grosse Raubzug, FinanzBuch Verlag München (2009).

Dill, Alexander, Wie lassen sich Gemeingüter ökonomisch bewerten? Research Paper, Basel Institute of Commons and Economics (2010).

Erdman, Paul, Crash '81 – Der große Schock. Frankfurt am Main, (1978).

Fehr Ernst, Schmidt, Klaus M., »The Economics Of Fairness, Reciprocity and Altruism – experimental Evidence and new Theories«, Discussion PAPER 2005-20, Munich Economics (2005).

Frey, Bruno S. und Stutzer, Alois, Glück: Die ökonomische Analyse. Institute for Empirical Research in Economics, University of Zürich, Working Paper Series, Working Paper No. 417 (2009).

Galbraith, John Kenneth, The Affluent Society, 40th anniversary Edition, New York (1958/1988).

Hardin, Gerrit, Tragedy of the Commons. In: Science, Ausgabe 162, (1968).

Helfrich, Silke, Heinrich-Böll-Stiftung: Wem gehört die Welt? 2. Aufl., München 2009.

Henry, Steve, You are really rich - you just don't know it yet (2009).
Human Development Index 2007/2008, United Nations.
Krugman, Paul, Till Debts does it's part, New York Times (2009): http://www.nytimes.com/2009/08/28/opinion/28krugman.html?_r=4&em
Layard, Richard, Has Social Science a Clue? Lecture at the LSE, 2003.
Meadows, Dennis, The Limits of Growth, Bericht des Club of Rome (1972).
Nienhaus, Lisa, Die Blindgänger, Frankfurt (2009).
Sloterdijk Peter, Sphären III, besonderes Kapitel »Auftrieb und Verwöhnung«, Frankfurt (2004).
Solte, Jörg, Weltfinanzsystem am Limit, Berlin (2008).
Spremann, Klaus: Asymmetrische Information, Zeitschrift für Betriebswirtschaft 60 (1990) 5/6.
Stiglitz, Joseph E., Global public goods and global finance: does global governance ensure that the global public interest is served? In: Advancing Public Goods, Jean-Philippe Touffut, (ed.), Paris (2006).
Stiglitz, Joseph E., Sen, Amartya, Fitoussi, Jean-Paul, Report by the Commission on the Measurement of Economic Performance and Social Progress, Paris (2009).
Talberth, John; Cobb, Clifford; Slattery, Noah (2007), The Genuine Progress Indicator (2006).
The Global Competitiveness Report, World Economic Forum, Davos (2008).
Wealth Estimates (2000), World Bank, http://web.worldbank.org.
Where is the Wealth of Nations? Measuring Capital for the 21st Century. Wealth of Nations Report 2006, Ian Johnson and Francois Bourguignon, World Bank, Washington (2006).
Wolfers, Justin, What does the Human Development Index Measure? In: Freakonomics/New York Times, May22nd (2009).
World Database of Happiness, directed by Ruud Veenhofen, Erasmus University of Rotterdam (2009).
World Development Indicators 2008, World Bank, Washington D.C. Link and download: www.worldbank.org
Zola, Emile, Das Geld, Frankfurt (1995).

Über den Autor

Der 1959 in München geborene Philosoph arbeitete in der Softwareindustrie und hält ein Patent in digitaler Bildbearbeitung. Dort entdeckte er 2006 die wirtschaftliche und soziale Bedeutung von Freeware. Nach großen Verlusten mit unbezahlter Software – so nutzte die Agfa-Photo drei Jahre seine Software, ohne sie zu bezahlen – begann er, sich mit Geschenkökonomie zu beschäftigen. In dem von ihm gegründeten Internetportal www.whatiseconomy.com ging er der Frage »Was ist eigentlich Wirtschaft!« nach.

2009 erschien sein Buch »Der große Raubzug« im FinanzBuch Verlag, das er über den deutschen Teil der Finanzkrise schrieb. Ein Teil des Spiegel-Dossiers über die Lehman-Pleite stammt von ihm. Seit 2010 ist er Leiter des Basel Institute of Commons and Economics, das als Reaktion auf die Finanzkrise gegründet wurde (www.commons.ch). Mit »Täuschwirtschaft« verbindet er die Kritik an der Unehrlichkeit in der Wirtschaft mit Vorschlägen, über Gemeingüter (engl.: Commons) Wirtschaft neu als Zusammenspiel von natürlichen, sozialen und privaten Geschenken zu definieren.

Sach- und Personenregister

C